우사기의
행복한 도시락

일러두기

• 이 책에 소개된 레시피의 계량은 계량스푼, 계량컵, 계량저울을 기준으로 했습니다.
• 이 책에 표기된 1컵은 200ml을 기준으로 했습니다.
• 1+1/2큰술은 1큰술과 1/2큰술을 더한 양을 의미합니다.

우사기의
행복한 도시락

남은주 지음

미호

prologue

옅은 아침 햇살이 코끝을 간질이면 나는 가느다랗게 실눈을 뜨고선 본능처럼 주방으로 달려간다. 그리고 언제나처럼 도시락과 함께 소소한 아침을 시작한다.

이른 아침 주방에서 퍼져나오는 뚝딱뚝딱 소리는 그 어떤 음악보다 감미롭고 상쾌하다. 머릿속에 전날 생각해둔 도시락을 그림처럼 펼치고 냉장고에서 신선한 식재료를 꺼내기 시작하면, 그때부터 내 눈은 반짝반짝 빛나고 작은 손은 그 어느 때보다 재빠르게 움직인다.

그렇게 주방에서 보내는 혼자만의 시간이 흐르고 나면 그제야 남편은 졸린 눈을 비비며 침실에서 나와 나직하게 묻는다. "오늘 도시락 메뉴는 뭐야?"

나는 늘 한 줄 짧은 웃음으로 대답을 대신하지만, 어린아이 같은 남편의 아침 인사가 참 좋다. 점심시간에 두근거리는 마음으로 도시락 뚜껑을 여는 그 누군가보다, 내 도시락을 기다리는 누군가의 두근거림을 상상하며 준비하는 그 마음이 어쩌면 더 행복한 것 같다. 반듯하게 정해진 백지 공간 안에 나만의 아이디어로 정성스럽게 만든 요리를 곱게 담은 후 작은 사랑을 하나 더해 살포시 남편의 가방에 챙겨 넣으면 나도 모르게 소르르 미소가 지어진다.

《우사기의 행복한 도시락》은 매일매일 도시락을 준비한 경험에서 얻은 간단한 레시피와 유용한 팁들을 담아 도시락을 만드는 사람에게도, 도시락을 먹는 사람에게도 행복이 전해지길 바라는 마음으로 엮은 책이다.

도시락을 만드는 사람의 가장 큰 고민인 반찬 선택과 반찬 구성을 메인 반찬 더하기 사이드 반찬이라는 심플한 발상으로 간단하면서도 맛있는 도시락 반찬들을 제안하고, 바쁜 아침에도 재빠르게 도시락을 준비할 수 있도록 재료의 손질법이나 보관법은 물론 수제 냉동식품 등의 아이디어들을 소개했다.

빨강, 검정, 하양, 갈색, 노랑 등 자연스러운 식재료의 컬러 밸런스에도 신경을 써 식욕을 돋우고, 도시락을 먹는 사람에게 한 끼의 식사 이상의 즐거움을 선사할 수 있도록 예쁘게 담는 여러가지 유용한 팁도 빼놓지 않았다.

소담한 도시락
사랑이 가득 담긴 도시락
애써 꾸미지 않아도 예쁜 도시락
점심시간을 행복하게 만드는 도시락
무엇보다 만드는 시간이 더 행복한 도시락
《우사기의 행복한 도시락》이 그런 도시락이었으면 좋겠다.

오늘도 변함없이 오후 시간에 반가운 문자가 날아온다.
'오늘 도시락 너무 맛있었어!'
이 한 마디면 나는 충분히 행복하다.

contents

Intro

우사기의 시크릿 다이어리

Part 1

미리 만들어두면 편한
도시락의 단골손님

Part 2

메인 메뉴 하나만 준비하면 끝나는
직장인 매일 도시락

바쁜 아침, 10분 만에 준비하는
수제 냉동식품 도시락

쉽고 간편하게 후다닥 완성하는
햄·소시지 도시락

한 가지 메뉴로도 폼 나는 한 그릇 도시락

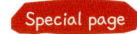

도시락을 준비할 때 알고 있으면 도움이 되는 팁을 소개할게요.
쉽고 간단하게 도시락을 싸는 방법이나
예쁘게 담는 요령이 머릿속에 있으면 아침시간을
훨씬 유용하게 사용할 수 있답니다.
시중에 나와 있는 다양한 도시락이나 소품도 용도와 기능을 알고
활용한다면 도시락을 준비하는 일이 더욱더 즐거워질 거예요.

Intro

우사기의
시크릿 다이어리

쉽고 간단하게 도시락 싸는 노하우

1. 작은 조리도구를 사용해요

바쁜 아침 도시락을 준비할 때 조리도구가 작으면 조리시간을 단축할 수 있답니다.

2. 바쁠 때는 한 가지 조리도구를 이용해요

예를 들어 팬에 굽는 요리라면 쿠킹포일 등을 이용해서 두세 가지 반찬을 한 번에 조리해보세요. 조리시간과 설거지거리를 줄일 수 있답니다.

3. 시간이 있을 때 밑손질을 미리 해둬요

전날 저녁밥을 준비할 때나 주말에 미리 재료를 손질해서 냉장이나 냉동 보관하면 바쁜 아침에 한결 수월하게 도시락을 준비할 수 있어요.

4. 식재료는 한입 크기로 준비해요

식재료의 크기를 작게 준비하면 그만큼 조리시간도 단축할 수 있답니다. 물론 도시락에 들어가는 한입 크기가 보기에도 예쁘답니다.

5. 도시락 반찬은 맛을 조금 진하게 내고 국물이 거의 생기지 않게 조리해요

도시락은 식은 후에 먹는 음식이라 따뜻할 때보다 맛을 조금 진하게 내는 게 좋답니다. 평소엔 국물이 자작하게 있어야 맛있는 조림도 도시락 반찬으로 이용할 때는 국물을 바특하게 조리는 것이 보기에도, 맛도 좋답니다.

6. 달걀을 자주 활용해요(같은 식재료라도 항상 변화를 주세요)

달걀은 도시락 반찬에서 가장 자주 사용하는 식재료가 아닐까요. 달걀말이나 달걀구이에도 파, 맛살, 감자, 햄, 양파 등 여러 가지 식재료를 넣어 다양한 조리방법으로 달걀을 변신시킬 수 있답니다. 달걀을 잘 활용하여 반찬을 더욱 맛있고 예쁘게 만들어 도시락에 담아보세요.

7. 메인 메뉴가 무엇인지 머릿속에 그린 다음 준비해요

도시락 메뉴에서 가장 중심이 되는 반찬을 먼저 생각한 후 도시락 준비에 들어가면 훨씬 간편해요. 메인 메뉴가 정해지면 가벼운 사이드 메뉴로는 밑반찬이나 이제 저녁에 먹고 남은 반찬 등을 조금만 가미해도 금세 근사한 도시락이 된답니다.

8. 도시락의 크기(특히 도시락 반찬통의 높이)를 고려해요

도시락마다 크기가 조금씩 다르지요. 어떤 도시락을 사용하는지에 따라 반찬을 준비할 때 크기를 조절하면 담을 때 모양이 예쁘답니다.

9. 매일 싸는 도시락은 절대 무리하지 않아요

매일매일 도시락을 준비한다는 것은 마음처럼 쉬운 일이 아니랍니다. 너무 신경을 많이 쓰거나 무리하면 결코 오랫동안 지속할 수 없답니다. 쉽고 간단한 도시락으로 부담 없이 싸도록 하세요.

10. 자기만의 도시락 싸는 요령을 터득해요

도시락을 싸는 법도 자신만의 편리한 방법이나 좋아하는 스타일이 묻어나기 마련이에요. 직접 도시락을 싸게 되면 그 과정을 통해 터득한 자기만의 비법이 생기게 된답니다. 자기만의 스타일을 살린 도시락이라면 매일매일 도시락을 준비하는 것이 더욱 즐겁지 않을까요.

여름이나 장마철에 도시락 쌀 때의 주의할 점

1. 육류 반찬은 속까지 완전히 익혀야 합니다. 햄버거 패티 등 두툼한 요리는 속까지 완전히 익히고, 고기는 한입 크기로 썰어 완전히 익혀서 조리하세요.

2. 삶은 달걀은 반숙은 안 됩니다! 반숙은 아무래도 여름철에는 피하는 게 좋아요. 삶은 달걀은 완숙으로 준비하세요.

3. 살균 효과가 있는 재료 등을 이용하세요. 카레가루, 생강, 식초 등 살균 효과가 있는 재료를 이용하면 식욕을 돋우기에도 그만이랍니다. 식초가 들어간 매리네이드나 피클을 살짝 밥 위에 올려도 좋아요.

도시락 예쁘게 담는 요령

1. 메인 메뉴부터 순서대로 담아요

반찬을 담는 순서는 양이 많은 메인 반찬이나 크기가 큰 반찬부터 자리를 만들어 담는 게 좋아요. 반찬통을 반으로 나누어 한쪽이나 가운데에 담아도 좋고, 반찬통을 사선으로 가운데에 넣고 반찬을 담아도 예쁘답니다.

2. 빈 공간을 남김없이 빽빽하게 담아요

도시락에 빈 공간이 생기면 가방에 넣고 이동할 때 움직여서 모양이 헝클어지거나 반찬이 서로 섞이는 경우가 발생해요. 이런 상황을 방지하기 위해서는 빈 공간을 최대한 만들지 않고 빼곡하게 담아야 보기에도 예쁘답니다. 빈 공간이 남을 때는 방울토마토나 치즈 등으로 채워보세요.

3. 색상의 조화에도 항상 신경 써요

빨강, 노랑, 초록, 흰색, 갈색 등이 조화를 이루도록 반찬을 선택할 때 머릿속으로 그려보면 좋아요. 반찬의 색으로만 조화를 맞추기 힘들때는 도시락 용기 등으로 포인트를 주세요.

4. 반찬의 맛이 서로 섞이지 않도록 주의해요

여러 가지 반찬이 섞여서 본연의 맛을 잃지 않도록 칸막이나 샐러드잎 등을 이용해 자리를 구분하세요. 맛이 섞이지 않는 요리라면 칸막이 없이 자연스럽게 담아도 괜찮답니다.

5. 밥과 반찬은 모두 완전히 식은 다음 담아요

갓 지은 밥은 도시락에 담아 식히는데 시간이 없으면 보냉팩 위에 올려서 식히세요. 그렇다고 너무 오랫동안 식혀서 지나치게 차가워지지 않도록 주의하세요. 반찬은 완전히 식혀서 담으세요.

6. 양념이나 소스는 별도의 용기를 이용해요

양념이나 소스는 먹기 직전에 뿌려 먹을 수 있도록 별도의 용기를 이용하세요. 평범한 일회용 용기는 마스킹테이프만 살짝 붙여도 느낌이 달라진답니다. 사용하고 남은 귀여운 병도 잘 챙겨두었다가 국물 있는 요리 등을 넣어 활용해보세요.

7. 도시락 반찬통과 칸막이를 잘 이용해요

요즘은 도시락 반찬통과 칸막이도 다양한 색상과 종류가 있어 도시락에 활용하기에 좋답니다. 작은 소스통은 도시락 반찬통에 그대로 넣어도 간편해요.

8. 흰밥도 살짝 색감을 살려요

흰밥은 그냥 담기보다 후리카케 등의 부재료를 이용해 살짝 색감을 더하면 먹음직스럽답니다. 달걀프라이나 양념달걀 등을 함께 넣어도 예쁘지요. 양념달걀을 넣을 때는 밥을 도시락에 담은 후 귀퉁이를 한 숟갈 정도 덜어내고 쏙 넣으면 예쁘답니다.

9. 예쁜 꼬치나 모양틀을 활용해요

반찬은 가끔씩 예쁜 꼬치에 가지런히 꿰어 반찬통에 담거나 모양틀을 이용해 예쁘게 모양을 내어도 도시락의 분위기를 한층 살릴 수 있어요. 늘 반듯하게 자르던 반찬도 가끔 사선으로 잘라 세워 담아도 변화를 줄 수 있어 즐겁답니다.

10. 도시락용 소품을 이용해요

요즘은 예쁜 도시락 소품을 손쉽게 구할 수 있어요. 도시락 보자기나 가방, 젓가락집 등 다양한 소품으로 예쁜 도시락을 꾸며보세요. 아이들 도시락이라면 좋아하는 캐릭터의 소품을 이용해도 좋아요.

도시락을 담는 기본 순서

밥

갓 지은 따끈따끈한 밥은 도시락에 담아 한 김 식히세요. 밥을 도시락에 담은 다음 젓가락으로 살살 저어 공기를 넣으면 식은 후에도 딱딱해지지 않는답니다.

반찬

1. 도시락 반찬을 담을 때는 메인 반찬을 어느 쪽에 담을지 정한 다음 메인 반찬부터 넣으세요. 메인 반찬은 도시락통의 가장자리나 중간 중간에 넣어도 좋고, 기다란 알루미늄 반찬통을 이용해 사선으로 가운데 넣어도 좋답니다. 실리콘 용기를 사용할 때에는 도시락에 먼저 자리를 정한 다음 반찬을 담아 넣으세요.

2. 메인 반찬을 담았으면, 양이 많은 사이드 반찬순으로 자리를 만들어 차근차근 담으세요.

3. 도시락 반찬은 빈 공간 없이 빽빽하게 담겨진 게 예쁘답니다. 마지막 빈 공간에는 방울토마토 등을 이용해 꽉 채우세요.

내가 사랑하는 도시락통 & 포장 재료

도시락통

매일매일 준비하는 도시락은 손에 익은 편안한 도시락을 자주 사용하게 돼요. 하지만 가끔은 그날의 기분이나 메뉴에 따라 도시락 용기를 바꾸어보세요. 도시락을 준비하는 즐거움도, 점심시간에 도시락을 여는 즐거움도 배가될 거예요.

1. 따사로움이 전해지는 천연 나무 도시락
나무의 온기가 그대로 전해지는 천연 나무 도시락은 깔끔하고 단아한 모습이 돋보이는 것은 물론 수분 흡수력이 좋아 음식을 잘 보존하고, 밥이 식어도 딱딱해지지 않는답니다.

천연 나무 도시락 관리법
나무 소재 도시락은 사용 후 바로 깨끗이 씻어주세요. 80℃ 정도의 따뜻한 물에 한 번 담갔다 건져 마른행주로 깨끗이 닦은 후 자연 건조시키세요.

2. 아기자기한 일본풍 도시락
화사한 색상의 일본풍 도시락은 아기자기한 디자인이 사랑스럽답니다. 전자레인지 사용이 가능한 제품이 많아서 사용이 편리해요.

3. 가방에 쏙! 슬림형 도시락

슬림형 도시락은 가방 속에서 자리를 많이 차지하지 않아 좋답니다. 식사 후에는 2단에서 1단으로 부피를 줄일수 있는 제품도 많아 직장인들에게 인기가 좋아요.

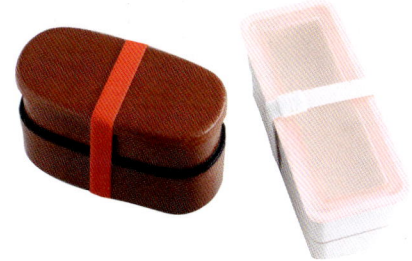

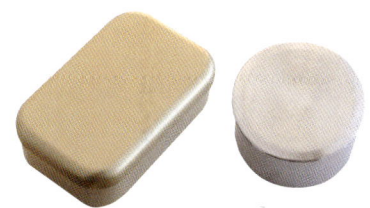

4. 추억의 스테인리스 또는 금속 도시락

학창 시절 엄마가 싸주신 따사로운 추억의 도시락은 언제나 마음 한구석에 그리움으로 자리 잡고 있어요. 가끔 그 시절을 생각하면서 스테인리스 도시락에 옛 기억을 함께 담아보세요.

5. 눈도 즐거운 디자인 도시락

도시락 하면 네모난 형태를 먼저 떠올리지만, 요즘은 도시락의 형태나 용도도 다양해졌어요. 덮밥이나 볶음밥에 제격인 둥근 도시락이나 오니기리를 바로 담을 수 있는 귀여운 오니기리 전용 도시락 등 도시락 먹는 즐거움을 한층 더한답니다.

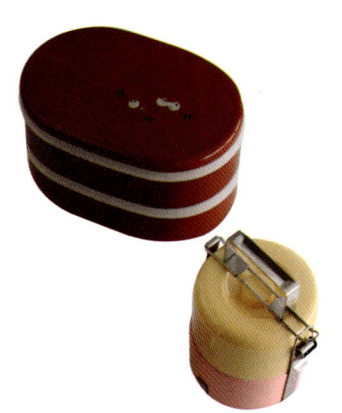

6. 푸짐하게 담는 피크닉 도시락

커다란 용기에 2단, 3단으로 만들어진 피크닉 도시락은 집에 하나 정도 있으면 갑작스러운 피크닉에도 부담없이 준비할 수 있어요. 평소에는 1단만 사용할 수 있는 제품이라면 활용도가 폭넓어 유용하게 사용할 수 있어요.

7. 부담 없이 즐기는 캐주얼 도시락

귀여운 캐릭터 도시락은 아이들에게 언제나 인기가 좋아요. 심플한 사각 도시락은 깔끔함을 더해 자신의 아이디어를 마음껏 살린 도시락을 싸기에도 좋답니다.

8. 쌀쌀한 날에는 따끈따끈 보온 도시락

요즘은 가볍고 디자인도 세련된 보온 도시락이 많이 나와 있죠. 쌀쌀한 날씨에 따끈따끈한 보온 도시락에 따뜻한 국물이나 차를 곁들인다면 점심시간이 더욱 행복할 거예요.

1. 도시락 반찬통

도시락 반찬통을 이용하면 반찬이 섞이는 것을 막을 수 있어요. 심플한 도시락에 깔끔한 느낌을 원한다면 알루미늄 반찬통을, 캐주얼한 도시락에 밝은 느낌을 원한다면 실리콘 반찬통을 이용해보세요.

2. 도시락용 칸막이

밥과 반찬을 함께 넣는 도시락이나 비슷한 반찬이라도 경계선을 두고 싶을 때는 도시락용 칸막이를 이용해보세요. 작은 소품 하나로도 도시락의 분위기를 살릴 수 있답니다.

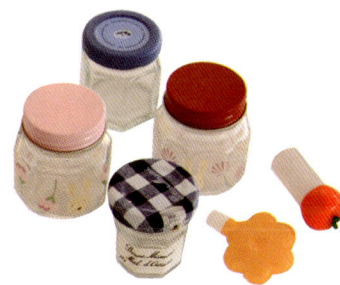

3. 플라스틱 도시락 & 소스통

플라스틱 도시락은 야외 분위기를 낼 수 있어 좋아요. 사이즈별로 마련해두면 유용하게 사용할 수 있답니다. 사용한 다음 깨끗하게 씻으면 여러 번 사용이 가능해요.

4. 각종 꼬치(플라스틱, 나무)

심플한 나무 꼬치를 비롯해 깃발 모양, 아이들이 좋아하는 귀여운 디자인까지 꼬치의 종류가 다양해서 도시락에 유용하게 사용할 수 있어요. 플라스틱 꼬치는 여러 번 사용이 가능하답니다.

도시락 포장용품

1. 도시락 보자기

가로, 세로 50cm의 보자기는 다양한 문양과 화려한 색상이 돋보여 도시락 보자기로 사용하면 정말 좋아요. 예쁜 손수건이나 천도 도시락을 싸면 전체의 흔들림을 방지할 수 있어요.

2. 도시락 가방

최근에는 가격도 저렴하면서 예쁜 도시락 가방을 손쉽게 구할 수 있어요. 따로 들고 다니는 도시락 가방이 아니라면 가볍고 부피가 작은 것이 좋아요. 그래야 도시락을 넣은 다음 가방에 넣어도 부담스럽지 않아요. 여름엔 냉방이 되는 것이 좋답니다.

3. 도시락 젓가락집 & 포크집

도시락에 늘 따라다니는 젓가락과 포크도 예쁜 전용 용기를 사용하면 기분이 좋아져요. 소소한 일상의 도시락에 가끔은 예쁜 젓가락집으로 즐거움을 더해보세요.

4. 왁스페이퍼, 샌드위치백, 포장지

수분, 기름 등이 많은 반찬은 도시락 바닥에 한 장 깔
거나 포장용으로 사용하면 좋답니다. 모양이 다양한
샌드위치백이나 포장지는 빵이나 핸드메이드 쿠킹
등의 디저트를 담는 데 사용하면 예쁘답니다.

5. 마스킹테이프

마스킹테이프는 1회용 용기 등에 살짝 손으로 찢어서 포인트로
붙이기만 해도 분위기가 살아나요. 자연스러운 손 느낌이 도시
락을 한층 귀엽게 만들거든요. 도시락에 젓가락이나 스푼을 올
린 다음 마스킹테이프로 붙여도 세련되고, 그 위에 살짝 메모나
요리명을 써두어도 재밌지요.

도시락용 조리도구

작은 팬이나 냄비는 1인분을 만드는 도시락의 조리시간도 단축시킬 뿐 아니라 식용유나 조미료의 양
도 적게 사용할 수 있어요. 작은 볼은 소량의 반찬을 버무리거나 따뜻한 반찬을 빨리 식히기에도 편
리해요.

한두 가지 밑반찬이 냉장고에 두둑하게 있다면 도시락을
준비할 때 훨씬 간편하겠지요. 특별히 도시락 반찬을 따로 준비하기
힘들거나 바쁜 날에는 냉장고에 있는 밑반찬만으로도 가볍게
도시락을 꾸밀 수 있어요. 거기에 메인 요리에 곁들일 수 있는
새콤달콤한 피클이나 초무침이 준비되어 있다면 도시락을
준비하는 부담이 한결 가벼워진답니다.
흰밥 위에도 살짝 밑반찬을 곁들이거나 후리카케 등을 이용해
식욕을 돋워주고, 모양이나 색상을 다양하게 해서 꾸며보세요.
작은 손길이 만드는 사람에게도, 먹는 사람에게도 즐거움을 안겨준답니다.
가끔은 도시락에 어울리는 간단하고 앙증맞은 디저트도 준비해보세요.
도시락 타임이 몇 배로 즐거워질 테니까요.

Part 1

미리 만들어두면 편한
도시락의
단골손님

준비해두면 좋은
기본 밑반찬

주재료 참치 160g, 감자 50g, 양파 40g, 당근
40g, 대파 40g, 소금 1/4작은술, 식용유 1큰술
양념장 케첩 1+1/2큰술, 고추장 1+1/2큰술, 맛술
1/2큰술, 설탕 1/2큰술, 후춧가루 1/4 작은술

쿠킹포인트

채소를 준비할 때 감자는 맨 마지막에 썰어주세요.
참치 채소볶음이 완성되면 팬에서 그대로 식히고
완전히 식으면 용기에 담아 냉장 보관하세요.

1 감자, 양파, 당근, 대파는
잘게 썰어요. 볼에 **양념
장 재료**를 한데 넣어 고루 섞
고 참치는 기름기를 빼요.

2 팬에 식용유를 두르고
감자와 당근을 넣고 2
분 정도 볶다가 양파, 대파를
넣고 소금으로 가볍게 간해 볶
아요.

3 양념장의 반을 넣고 채
소와 잘 섞어요.

4 참치와 남은 양념장을
모두 넣어 채소에 간이
고루 배도록 뒤적여요.

② 진미채무침

재료 진미채 100g, 참기름 1+1/2큰술, 고추장 1큰술, 간장 1작은술, 통깨 1작은술, 설탕 1/2큰술, 꿀 1큰술

쿠킹포인트

도시락 반찬으로 진미채를 담을 때는 조금 더 짧게 자르세요.

1 진미채는 적당한 크기로 잘라요.

2 볼에 모든 재료를 넣어요.

3 재료를 고루 버무려요.

4 전자레인지에서 15초 정도 돌려요.

③ 쥐포볶음

주재료 쥐포 4장, 식용유 적당량
양념 고추 1개, 고춧가루 2작은술,
간장 1작은술, 설탕 1작은술, 맛술 1
큰술, 물엿 1큰술, 다진 마늘 1/2작은
술, 통깨 1작은술

1 쥐포를 물에 살짝 담갔
다 건져 한입 크기로 잘
라요.

2 고추는 어슷 썰고 볼
에 양념 재료를 모두
넣어 고루 섞어서 양념장을 만
들어요.

3 팬에 식용유를 두르고
쥐포를 구워서 그릇에
담아요.

2~3분간 살짝
볶아요.

4 팬에 양념장을 모두 넣
고 약한 불에서 끓어오
르면 구운 쥐포를 넣고 볶다가
불을 끄고 그대로 식혀요.

④ 황태구이

주재료 황태 1마리, 참기름 1큰술
양념 고추장 1큰술, 설탕 1큰술, 맛술
1큰술, 설탕 1작은술, 다진 마늘 1/2
작은술, 잘게 썬 파 1큰술, 고춧가루
1/2작은술, 양파 간 것 1/2큰술, 소금
조금, 후춧가루 조금

1 볼에 양념 재료를 한데
넣어 고루 섞어서 양념
장을 만들어요. 황태는 물에
담갔다가 물기를 짜고 잘게 찢
어요.

2 황태에 참기름을 바르
고 팬에 넣어 살짝 구
워요.

3 황태에 양념장을 넣고
버무려 20~30분간 재
워요.

4 팬에서 양념한 황태를
구운 다음 파를 뿌려요.

⑤ 호두조림

주재료 호두 100g, 물 1/4컵, 간장 1 큰술, 미림 1/2큰술, 설탕 1/2큰술, 맛술 1/2큰술, 물엿 1큰술, 참기름 조금, 통깨 조금

1 냄비에 호두를 넣고 분량 외의 물을 부어 끓어 오르면 물을 따라 버려요.

2 냄비에 재료를 모두 넣고 약한 불에서 20분 정도 국물이 바특해질 때까지 졸여요.

⑥ 꽈리고추 멸치볶음

재료 멸치 50g, 꽈리고추 50g, 간장 1/2큰술, 맛술 1/2큰술, 설탕 1/2큰술, 다진 마늘 1/2 작은술, 식용유 적당량

1 팬에 식용유를 두르고 다진 마늘을 넣고 볶다가 꽈리고추를 넣어 볶아요.

2 꽈리고추의 숨이 죽으면 멸치를 넣고 볶아요.

3 맛술과 설탕을 넣어 잘 볶다가 간장으로 간해서 볶아요.

7 고추장꽈리고추 멸치볶음

주재료 멸치 50g, 꽈리고추 60g, 참기름 조금, 식용유 적당량

양념 고추장 1/2큰술, 간장 1/2큰술, 맛술 1큰술+1작은술, 미림 1/4컵, 물엿 20g, 다진 마늘 1/4작은술, 통깨 조금

불에 양념 재료를 한데 담아 고루 섞어서 미리 양념장을 만들어두세요.

1 팬에 식용유와 참기름을 두르고 중간 불에서 멸치를 넣고 볶다가 꽈리고추를 넣고 약한 불로 줄여서 볶아요.

2 멸치와 꽈리고추에 양념장을 넣어 간이 배고 국물이 바특해질 때까지 볶아요.

⑧ 미역줄기볶음

재료 미역줄기 100g, 다진 마늘 1/2큰술, 식용유 적당량

1 미역줄기는 물에 1시간 정도 담가 두세 번 헹군 다음 물기를 꼭 짜요.

2 팬에 식용유를 두르고 미역줄기와 다진 마늘을 넣어 볶아요. 간을 보아 싱거우면 소금으로 간해요.

⑨ 고추절임

재료 매운 고추 10개, 물 2큰술, 식초 2큰술, 간장 1큰술, 설탕 1큰술

볼에 물, 식초, 간장, 설탕을 모두 넣어 섞은 후 밀폐용기에 담고 매운 고추를 잘게 썰어 넣어요.

⑩ 단무지무침

재료 단무지 200g, 잘게 썬 파 20g, 식초 1큰술, 통깨 1/2큰술, 고 춧가루 1/2큰술, 설탕 1/2큰술

1 단무지는 먹기 좋은 한 입 크기로 썰어요.

2 큰 볼에 재료를 모두 넣어 고루 버무려요.

⑪ 당근초절임

주재료 당근 200g, 소금 1/2작은술
단촛물 식초 5큰술, 다시마 국물 1큰술, 설탕 2큰술, 소금 조금

1 당근은 1cm 두께로 썰 어 모양틀을 이용해 모 양을 내고 소금을 뿌려 15분 정 도 두었다가 물기를 짜요.

2 볼에 단촛물 재료를 모 두 넣어 고루 섞은 후 당근을 넣고 절여요.

파프리카가 따뜻할 때 넣어야 맛이 잘 스며들어요.

⑫ 파프리카 매리네이드

재료 빨강 파프리카 1개, 식초 2큰술, 소금 1/4작은술, 식용유 1큰술, 화이트와인 1작은술, 통후추 1/4작은술, 로리에 1/2개

1 볼에 파프리카를 제외한 재료를 모두 넣어 고루 섞어요. 로리에는 손으로 잘게 찢어요.

2 파프리카는 끓는 물에 10초 정도 데쳐 물기만 빼서 1에 넣어 버무려요.

2~3시간 후에 바로 먹어도 된답니다. 피클 절임액이 식으면 냉장 보관하세요.

⑬ 채소피클

주재료 파프리카(빨강, 노랑, 주황) 150g, 오이 1개
피클 절임액 식초 1/2컵, 화이트와인 1/2컵, 설탕 5큰술 + 1작은술, 소금 1작은술, 월계수잎 3장, 핑크색 통후추 10알

1 냄비에 피클 절임액 재료를 모두 넣어 팔팔 끓여요.

2 채소는 한입 크기로 썰어 열탕 소독한 용기에 담은 후 끓인 피클 절임액을 부어요.

쿠킹포인트

당근을 채 썰어 함께 넣어도 좋아요.

⑭ 양배추절임

재료 양배추 300g, 물 1/3컵, 소금 1/2작은술, 설탕 1큰술, 식초 1큰술

1 양배추는 밑반찬으로 적당한 크기로 썰어요.

2 비닐팩에 양배추와 나머지 재료를 넣고 버무린 후 냉장 보관해요.

⑮ 양념달걀

주재료 삶은 달걀 3개, 식초 조금
양념 간장 3큰술, 맛술 1큰술, 설탕 1작은술

1 냄비에 물을 붓고 식초를 한 방울 떨어뜨린 다음 달걀을 넣고 15분 정도 삶아 찬물에 담가 껍질을 벗겨요.

2 밀폐용기에 양념 재료를 모두 담아 고루 섞은 후 삶은 달걀을 넣고 냉장고에서 하루 정도 두워요.

16 깻잎절임

주재료 깻잎 30장

양념장 간장 5큰술, 고춧가루 3큰술, 까나리액젓 1큰술, 다진 마늘 1작은술, 다진 파 1큰술, 매운 고추 3개, 설탕 2큰술, 통깨 1작은술, 물 3큰술

1 깻잎은 깨끗하게 씻어 물기를 탁탁 털고 볼에 **양념장** 재료를 한데 넣어 고루 섞어요.

2 깻잎을 2장씩 겹쳐 양념장을 고루 발라요.

시판 제품을 사용했어요.

17 오징어젓 18 조개젓 19 창난젓 20 배추김치

1 참치후리카케

재료 참치(통조림) 30g, 간장 1작은술, 설탕 1/2 작은술

팬에 기름기를 뺀 참치와 간장, 설탕을 넣고 물기가 없어질 때까지 중간 또는 약한 불에서 볶아요.

2 멸치후리카케

멸치는 버무려서 반찬으로 만들어도 좋아요.

주재료 멸치
양념 참기름 1작은술, 설탕 1작은술, 고춧가루 1/2작은술, 간장 1작은술, 다진 마늘 1/2작은술, 통깨 1/2작은술

볼에 양념 재료를 모두 넣어 고루 섞은 후 멸치를 넣어 버무리고, 팬에 넣어 물기가 없어질 때까지 중간 또는 약한 불에서 볶아요.

3 잣구이

팬에 살짝 볶은 고소한 잣도 밥과 잘 어울려요. 노릇하게 구워서 밥 위에 예쁘게 뿌리면 된답니다.

4 명란젓구이

재료 명란젓 1덩이

명란젓을 포일로 싸서 생선 그릴에 약한 불에서 구운 다음 얇게 썰어 밥 가운데 올려요.

5 명란젓 파무침

재료 명란젓 1덩이, 잘게 썬 파 1작은술

명란젓은 칼등으로 알갱이만 빼내 접시에 펼쳐서 올린 후 전자레인지에서 2~3분간 익힌 다음 파를 넣어 고루 섞어요.

6 고구마조림

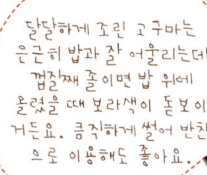

달달하게 조린 고구마는 은근히 밥과 잘 어울리는데 껍질째 졸이면 밥 위에 올렸을 때 보라색이 돋보이거든요. 큼직하게 썰어 반찬으로 이용해도 좋아요.

재료 고구마 50g, 물 1/2컵, 설탕 2큰술

냄비에 물과 설탕을 넣은 다음 껍질째 씻어 잘게 썬 고구마를 넣어 10분 정도 조려요.

7 통깨·검은깨

재료 검은깨 조금

가장 간단하게 밥 위를 장식할 수 있는 식
재료가 아닐까요. 통깨나 검은깨를 밥 전체
에 골고루 뿌려도 좋고, 가운데 한 줄이나
사선으로 뿌려도 색다른 느낌이랍니다.

8 옥수수(통조림)

재료 옥수수(통조림) 조금

노란색이 예쁜 옥수수도 밥 위에 올리면 보
기 좋아요. 반찬의 색이 전체적으로 어두울
때 밥 위에 옥수수를 올려 도시락 분위기를
살려보세요.

9 완두콩(통조림)

재료 완두콩(통조림) 조금

완두콩을 넣어 맛있게 지은 밥이면 좋겠지
만, 통조림 완두콩을 이용해 완두콩밥을 연
출해도 좋아요. 완두콩 알갱이를 밥 위에
골고루 올리면 예쁜 색감으로 식욕까지 상
승시킨답니다.

⑩ 파슬리

재료 다진 파슬리 조금

파슬리는 곱게 썰어 키친타월로 감싸 물에 씻은 후 물기를 꼭 짜서 사용하거나 살짝 물기를 제거한 다음 냉동 보관하세요. 밥 위에 파릇파릇한 파슬리를 뿌려 장식할 수도 있고, 요리에 사용할 수 있답니다.

⑪ 달걀

달걀은 풀어서 소금으로 간하고 팬에 식용유를 두르고 중간 또는 약한 불에서 젓가락으로 저어가며 재빨리 익혀요.

재료 달걀 1개, 소금 조금

가끔 조리하고 남은 달걀물을 어떻게 할까 고민스러울 때가 있어요. 그럴 때는 보송보송 달걀로 변신시켜 밥 위에 솔솔 뿌려보세요. 노란색이 하얀 밥 위에서 반짝반짝 빛난답니다.

⑫ 시판 후리카케

재료 후리가케 조금

요즘은 마트에서도 다양한 후리카케를 쉽게 접할 수 있어요. 도시락 반찬의 색이나 내용물에 따라 어울리는 후리카케를 이용해 간단하게 알록달록한 도시락으로 꾸며보세요.

타르타르 소스

명란젓
마요소스

깨 마요소스

스위트
칠리 마요소스

타르타르소스

새우프라이나 새우가스와 함께하면 좋아요.

재료 삶은 달걀 1개, 잘게 썬 양파 2큰술, 잘게 썬 오이피클 1큰술, 마요네즈 4큰술, 다진 파슬리 2작은술, 소금 조금, 후춧가루 조금

1. 삶은 달걀, 양파, 오이피클을 잘게 다져요.
2. 볼에 다진 파슬리를 제외한 나머지 재료를 넣어 고루 섞고 마지막에 다진 파슬리를 넣어 섞어요.

명란젓 마요소스

채소 샐러드나 스낵에 잘 어울린답니다.

재료 명란젓 10g, 마요네즈 1큰술

1. 명란젓 알갱이를 칼등으로 잘 빼내요.
2. 마요네즈에 명란젓 알갱이를 넣고 잘 저어요.

깨 마요소스

부드러운 식감이 데친 채소와 잘 어울린답니다.

재료 깨 간 것 1/2큰술, 식초 1/2큰술, 마요네즈 1+1/2큰술

볼에 깨 간 것, 식초, 마요네즈를 모두 넣어 고루 섞어요.

스위트 칠리 마요소스

채소 샐러드나 스낵에 잘 어울린답니다.

재료 스위트 칠리소스 1/2큰술, 마요네즈 1큰술

볼에 스위트 칠리소스와 마요네즈를 한데 넣어 고루 섞어요.

돈가스소스

돈가스나 크로켓 등의 튀김요리에
잘 어울린답니다.

재료 토마토케첩 1큰술, 돈가스소스 1큰술, 통깨
1/2작은술, 씨드머스터드 1/4작은술

볼에 재료를 모두 넣어 고루 섞어요.

간장드레싱

담백한 샐러드를 원할 때 이용해보세요.

재료 식용유 1큰술, 식초 2큰술, 깨 1큰술, 간장 1
큰술, 설탕 1/4작은술, 소금 조금, 후추 조금

볼에 재료를 모두 넣어 고루 섞어요.

7

양파드레싱

샐러드 소스로도 좋지만 고기, 해물을
재울 때 사용하시면 좋아요.

재료 간장 3큰술, 식초 3큰술, 맛술 1큰술, 식용유
4큰술, 소금 조금, 후추 조금

볼에 재료를 모두 넣어 고루 섞어요.

8

레몬 프렌치드레싱

샐러드에 이용하면 좋답니다.

재료 식용유 2큰술, 와인비네거 1큰술, 레몬즙
1/2큰술, 설탕 1/4작은술, 소금 조금

볼에 재료를 모두 넣어 고루 섞어요.

간단하게 만드는
도시락 디저트

심플
스위트 포테이토

딸기

바나나
딸기잼

과일
요구르트

애플
시나몬소테

파인애플
크림치즈

① 파인애플 크림치즈

재료 파인애플(통조림) 50g, 크림치즈 20g

1. 크림치즈는 전자레인지에서 20초 정도 가열해요. 2. 파인애플은 한입 크기로 썰어 크림치즈와 고루 버무려요.

② 애플 시나몬소테

재료 사과 1/4개, 버터 1/2작은술, 시나몬파우더 조금, 물 4큰술, 설탕 2작은술, 레몬즙 1/2작은술

1. 사과는 잘 씻어서 껍질째 1cm 주사위 모양으로 썰어요.
2. 팬에 버터를 녹이고 사과를 넣어 볶은 다음 물, 설탕, 레몬즙을 넣어 약한 불에서 졸여요.
3. 물기가 없어지면 시나몬파우더를 뿌려요.

③ 바나나 딸기잼

재료 바나나 1/2개, 딸기잼 1/2큰술, 요구르트 1큰술

딸기잼과 요구르트를 잘 섞은 다음 바나나를 1cm 길이로 썰어 고루 섞어요.

④ 과일 요구르트

재료 키위 1/2개, 오렌지 1/2개, 꿀 1작은술, 요구르트 2큰술

요구르트에 꿀을 넣고 잘 저은 다음 키위와 오렌지를 한입 크기로 썰어 넣어 고루 섞어요.

⑤ 딸기

재료 딸기 5개

딸기는 깨끗이 씻어 반으로 갈라 예쁘게 담아요.

⑥ 심플 스위트포테이토

재료 고구마 70g, 물 2큰술, 우유 2큰술, 설탕 1/2큰술, 버터 1/3작은술

1. 고구마는 껍질을 벗겨 잘게 썰어 냄비에 담고 물, 소금을 조금 넣고 5분 정도 끓인 후 물기를 빼서 으깨요.
2. 볼에 우유, 설탕, 버터, 으깬 고구마를 모두 넣고 고루 섞은 다음 알루미늄이나 케이크 컵에 담아 170℃로 예열한 오븐에서 5분 정도 구워요.

도시락 식재료 보관법

바쁜 아침시간에도 거뜬히 맛있는 도시락을 만드는 비법 중 하나는 미리 재료를 손질해두는 거예요. 넉넉히 만들어둔 밑반찬도 좋지만, 재료를 밑손질만 해두어도 아침시간에 빠르게 반찬을 만들 수 있어요. 재료를 손질할 때는 도시락용으로 1인분씩 랩으로 싸서 비닐팩에 넣어두면 편리해요. 보관할 때는 반드시 날짜와 재료명을 써두세요.

1. 육류

육류는 자주 사용하는 부위별로 나눠 도시락 용도에 맞는 크기로 썰어 한 조각씩 랩으로 싸서 비닐팩에 넣어 냉동 보관하세요. 사용하기 전날 냉동실에서 꺼내 자연 해동하거나 냉장실로 옮기면 간편해요. 밑간이나 양념을 해서 냉동 보관해도 좋답니다.

닭다리는 한입 크기로 큼직하게 썰고, 닭날개는 1인분씩 랩으로 싸서 비닐팩에 담아요. 치킨튀김, 데리야키치킨, 닭날개구이 등을 만들어요.

얇게 썬 돼지고기는 1조각씩 랩으로 싸서 비닐팩에 담아요. 돼지고기구이 등을 만들어요.

불고기용 쇠고기는 1인분씩 나누어 랩으로 싸서 비닐팩에 담아요. 불고기, 쇠고기덮밥 등을 만들어요.

2. 해물

생선은 키친타월로 물기를 닦은 다음 일부는 한 토막씩 자르고, 일부는 한 마리씩 랩으로 싸서 냉동 보관하세요. 아침에 사용할 생선은 전날 냉장실로 옮기거나 생선구이를 할 때는 그릴을 예열한 후 냉동 상태로 구워도 됩니다.

연어는 잘게 썬 것과 1토막씩 나누어 랩으로 싸서 비닐팩에 담아요. 연어는 구워서 가시를 발라 살만 냉동 보관해도 좋아요. 연어구이, 연어양념구이 등을 만들어요.

오징어는 손질해서 키친타월로 물기를 닦고, 1인분씩 나누어 랩으로 싸서 비닐팩에 담아요. 오징어볶음 등을 만들어요.

명란젓은 하나하나 랩으로 싸서 비닐팩에 담아두었다가 명란젓구이, 명란젓달걀말이, 명란젓후리카케 등을 만들어보세요.

3. 채소

채소는 조리하기 편한 크기로 썰어서 밀폐용기에 넣어 냉장 보관하거나 끓는 물에 데쳐서 물기를 뺀 후 1인분씩 포장해 냉동 보관해도 좋답니다. 육류나 생선류도 마찬가지지만 금방 사용할 재료는 냉장 보관하는 것이 좋아요. 데친 채소는 냉동실에서 3주 정도 보관이 가능하며, 냉장실에서 자연 해동하면 좋아요.

양파와 당근, 피망은 조리하기 편한 크기로 썰어 밀폐용기에 담아요.

데친 시금치는 물기를 꼭 짜서 1인분씩 랩으로 싸서 비닐팩에 담아요.

데친 브로콜리는 물기를 완전히 빼서 1인분씩 랩으로 싸서 비닐팩에 담아요.

4. 양념

준비한 양념은 작은 용기에 담으
세요.

대파, 쪽파, 파슬리는 잘게 썰어서 키친타월로 싸서 물에 씻은 후 물기를 꼭 짜
서 용기에 담아 냉동 보관하세요.
다진 생강, 다진 마늘, 얇게 썬 마늘은 냉동 보관하면 요리할 때 꺼내 간편하게
사용할 수 있어요.

5. 밥

랩으로 싸서 냉동실에 넣으세요.

아침시간에는 밥을 지을 시간이 부족할 때가 많아요. 그럴 때는 전날 갓 지은
밥을 1인분씩 용기나 랩으로 싸서 곧바로 냉동하세요. 아침에는 전자레인지에
가열한 후 도시락에 담으면 된답니다. 전자레인지를 사용할 때에는 너무 오래
가열하면 밥이 딱딱해질 수도 있으니 주의하세요.

6. 조리된 반찬

준비한 반찬들을 밀폐형 반찬통
에 담으세요.

미리 조리해서 냉동 보관해도 괜찮은 반찬들이 있어요. 해동하지 않고 그대
로 냉동실에서 꺼내 반찬통에 담으면 점심시간이 될 즈음 자동 해동되어 본
연의 맛을 즐길 수 있답니다.

하나 더! 늦잠으로 후다닥 도시락을 싸야 할 때에는…

참치 통조림 등 그대로 반찬으로 변신할 수 있는 인스턴트식품을 활용해 보세요. 미리 준비해두면 늦잠으로 시간이 없는 아침이나 반찬을 만들기 가 귀찮은 날에도 거뜬히 도시락을 쌀 수 있답니다.

집에서 밥을 먹을 때보다 어떤 반찬들로 도시락을 채워야 하나
고민될 때가 많아요. 먼저 냉장고에 있는 식재료를 확인하고
메인 메뉴를 정하세요. 볼륨감 있는 육류와 해물,
손쉽게 구할 수 있는 채소로 주인공을 정해보세요.
일단 주인공을 정한 다음, 밑반찬이나 간단하게 만드는 사이드
메뉴 한두 가지를 더해 도시락을 구성하면 된답니다.
이제, 도시락 싸는 일이 쉽고 즐겁지 않을까요?

Part 2

메인 메뉴 하나만 준비하면 끝나는
직장인 매일 도시락

채 썬 채소를 돌돌 말아
쇠고기채소말이 도시락

바쁜 아침시간에도 재빨리 만들 수 있는 메뉴랍니다.
전날 채소를 미리 채 썰어 보관하고 아침에 돌돌 말아 구우면
조리시간을 더욱 단축시킬 수 있어요. 달짝지근한
호박조림과 담백한 미역줄기볶음까지
더한 맛있는 도시락을 소개합니다.

쇠고기 채소말이 (1인분)

주재료 쇠고기 50g(얇게 썬 고기 4장), 당근 30g, 팽이버섯 30g, 밀가루 조금, 식용유 적당량, 맛술 1작은술

양념 설탕 1/2작은술, 간장 1작은술, 미림 1작은술

고기를 돌돌 말았을 때 양쪽으로 채소가 보일 수 있도록 길이를 조절하세요.

1 당근은 채 썰고, 팽이버섯은 당근과 같은 길이로 손질해요. 볼에 **양념 재료**를 모두 넣어 미리 섞어 양념장을 만들어 두세요.

2 쇠고기에 채소를 넣고 돌돌 말아 밀가루를 곱게 뿌려요.

3 팬을 달구어 식용유를 두르고 고기를 넣어 구워요.

4 팬에 양념장을 넣고 쇠고기말이에 양념이 잘 배도록 끼얹어가며 익혀요.

허니 호박조림 (1인분)
재료 : 호박 50g, 꿀 1큰술, 물 1/4컵

1. 호박은 껍질째 한입 크기로 썰어요.
2. 냄비에 재료를 모두 넣어 약한 불에서 10분 정도 끓여요(국물이 거의 없어질 만큼 바특하게 끓이세요).

미역줄기볶음
만드는 법은 31쪽을 참고하세요.

사이드메뉴

달걀의 부드러움을 살린
스키야키 도시락

일본의 가정 요리로 인기가 좋은 스키야키를
간단하게 만들어 별미 도시락 메뉴로 준비했어요.
팬에서 달걀을 반숙으로 익힌 스키야키가 식으면
그대로 조심스럽게 도시락에 담으세요.
밥과 반찬의 경계선에 방울토마토를 올려
포인트를 주었답니다.

스키야키 (1인분)

주재료 쇠고기(불고기용) 80g, 어슷 썬 대파 30g, 팽이버섯 20g, 식용유 적당량, 달걀 1개
양념 간장 2작은술, 설탕 2작은술, 맛술 1큰술

볶어 **양념 재료를** 한데 넣어 고루 섞어 미리 양념장을 만들어요. 달걀도 미리 풀어두세요.

1 팬에 식용유를 두르고 쇠고기, 대파, 팽이버섯을 넣어 구워요.

2 고기가 갈색을 띠면 양념장을 넣어 볶아요.

3 팬에 달걀물을 부어 반숙으로 익혀요.

어묵 아스파라거스구이 (1인분)
재료 : 어묵 20g, 아스파라거스 2대, 마요네즈 2작은술

1. 어묵을 반으로 자른 후 세로로 한 번 더 잘라 반으로 가른 아스파라거스를 끼워요(안이 동그랗게 비어 있는 어묵을 사용하세요).
2. 마요네즈를 뿌린 후 그릴에서 3~5분간 구워요(마요네즈는 그릴에 넣은 다음 뿌리세요. 미리 뿌려서 그릴로 옮기면 모양이 흐트러지기 쉬워요).

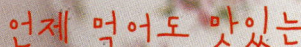

쇠고기장조림 도시락

메추리알과 함께 졸인 쇠고기장조림은 옛날부터
도시락 반찬의 단골 메뉴예요. 쇠고기장조림은 만드는 데
시간이 걸리므로 미리 만들어야 해요. 간이 잘 밴 장조림과
메추리알을 나누어 담고, 메추리알에는 꼬치를 꽂아 포인트를 주었답니다.
윤기가 흐르는 오렌지빛 당근과 파인애플을 함께 담아 도시락의
분위기도 살려보았어요.

쇠고기장조림
(1인분)

주재료 쇠고기(장조림용) 200g,
삶은 메추리알 20개, 대파 1대,
마늘 2쪽
양념 물 3컵, 간장 1/4컵, 설탕
3큰술, 매운 고추 2개

쇠고기의 기름을
제거해야 깔끔한
장조림을 만들
수 있어요.

쪽 껍질까지 깨끗하게
벗겨야 양념이 잘 배어요.
메추리알 삶는 물에 식초를
한 방울 떨어뜨리면
껍질이 잘 벗겨져요.

1 쇠고기는 찬물에 2시간 정도 담가 핏
물을 빼요.

2 메추리알은 삶아서 찬물에 담갔다
가 껍질을 벗겨요.

센 불에서 끓이다
끓어오르면 거품을
걷어내고 약한 불로
줄이세요.

3 냄비에 쇠고기, 대파, 마늘을 넣고
1시간 정도 중간 또는 약한 불에서
삶아요.

4 냄비에 나머지 양념 재료를 넣고
삶은 쇠고기를 넣고 40분 정도 약
한 불에서 졸여요.

당근조림(1인분)
재료 : 당근 70g, 물 1/2컵, 설탕 1/2작은술, 소금 1/8작은술, 버터 5g

1. 당근은 껍질을 벗기고 0.5cm 두께로 썰어요.
2. 냄비에 재료를 모두 넣어 센 불에서 끓이다가 끓어오르면 중간 불로 줄인 후 5~7분간
졸인다(국물이 거의 없어질 때까지 졸이세요).

파인애플 크림치즈(1인분, 디저트)
재료 : 파인애플 50g, 크림치즈 2작은술, 설탕 1/2작은술

내열용기에 크림치즈와 설탕을 넣고 전자레인지에서 30초 정도 가열한 다음 파인애플을 넣어 버무려요.

간단하게 만드는
돼지고기&브로콜리볶음
도시락

기다란 도시락에 돼지고기&브로콜리볶음과
감자 샐러드로 심플하게 꾸며 보았어요.
감자 샐러드는 랩으로 동그랗게 모양을 만들어 한쪽에 담았어요.
밥 위에는 직접 만든 참치후리카케를 솔솔 뿌렸어요.
냉장고에 있는 마른반찬을 밥 가운데에 조금 올려도 좋답니다.

메인 메뉴

돼지고기&브로콜리볶음 (1인분)

주재료 돼지고기(돈가스용) 80g, 브로콜리 40g, 파프리카 40g, 소금 조금, 후춧가루 조금
양념 맛술 2작은술, 간장 2작은술, 설탕 1/2작은술

1 돼지고기는 한입 크기로 썰어 소금과 후춧가루로 간하고, 브로콜리와 파프리카도 한입 크기로 썰어요.

2 팬에 식용유를 두르고 돼지고기를 넣어 구워요.

3 브로콜리를 넣어 살짝 볶은 다음 파프리카를 넣어 30초 정도 볶은 후 양념 재료를 넣어 볶아요.

감자 샐러드 (1인분)

재료 : 감자 50g, 물 1/4컵, 오이 10g, 햄 10g, 소금 1/8작은술, 마요네즈 1작은술

1. 감자는 한입 크기로 썰고, 햄은 잘게 썰고, 오이는 얇게 썰어요.
2. 냄비에 물과 감자를 넣고 약한 불에서 10분 정도 익힌 후 볼에 넣어 으깨요. 나머지 재료를 넣어 고루 버무려요(시간이 없을 때는 감자를 전자레인지에서 3~5분간 가열해서 사용해도 좋아요).
3. 랩을 깔고 감자 샐러드의 반을 덜어 감싸듯이 동그랗게 모양을 만들어 도시락에 담아요.

중국 요리풍의
돼지고기 피망볶음 도시락

아삭아삭 상큼한 피망을 더하고, 소스에 녹말가루를 넣어 살짝 걸쭉하게
중국 요리풍으로 만든 돼지고기볶음이랍니다. 어묵볶음은 넉넉하게 만들어
밑반찬으로 사용하면 좋답니다.

돼지고기 피망볶음(1인분)

주재료 돼지고기(불고기용) 80g,
피망 40g, 다진 마늘 1/2작은술,
참기름 조금

양념 오이스터소스 2작은술, 간장
2작은술, 물 2큰술, 녹말가루 2/3
작은술

볼에 양념 재료를 모두 넣어 고루 섞어서 양념장을 만들어주세요.

양념장은 넣기 전에 잘 저어주세요.

1 팬에 참기름을 두르고 다진 마늘을 넣어 볶다가 마늘향이 나기 시작하면 돼지고기를 넣어 볶은 다음 피망을 넣어 볶아요.

2 볶은 고기와 피망에 양념장을 넣어 간이 고루 배도록 볶아요.

이렇게 담았어요

1 돼지고기 피망볶음을 담아요.

2 어묵볶음을 담아요.

3 오이를 담아요.

4 단무지를 얹어요.

어묵볶음(1인분)

주재료 : 어묵 70g, 양파 50g, 식용유 적당량, 맛술 1작은술
양념 : 고춧가루 2/3작은술, 간장 2/3작은술, 설탕 2/3작은술

1. 팬에 식용유를 두르고 한입 크기로 썬 어묵과 양파를 넣어 볶은 다음 맛술을 넣어요(맛술을 넣으면 불을 약하게 줄여요. 양파는 조금 나중에 넣으면 아삭아삭한 맛을 살릴 수 있어요).

2. 어묵과 양파에 설탕, 간장, 고춧가루 순으로 넣고 **양념 재료**를 넣어 간이 배도록 고루 볶아요.

오이 & 단무지(1인분)

재료 : 오이 30g, 단무지 적당량

단무지와 껍질을 벗긴 오이를 한입 크기로 썰어 보기 좋게 담아요.

맛있는 고기옷을 입혀서

돼지고기 메추리알말이 도시락

먼저 도시락 한쪽에 상추를 깔고 돼지고기 메추리알말이를 담으세요.
그리고 하나만 반으로 잘라 앞쪽으로 노른자가 보이게 담으면 예쁘답니다.
콜리플라워와 콩 샐러드의 드레싱은 별도의 용기에 담아야
맛있게 먹을 수 있어요.

돼지고기 메추리알말이 (1인분)

주재료 돼지고기(샤브샤브용)
50g, 삶은 메추리알 4개, 밀가루
1/2작은술, 식용유 적당량
양념 간장 1작은술, 맛술 1작은술

돼지고기는 얇게 썬 것으로 준비하세요.

1 돼지고기에 밀가루를 살짝 뿌린 후 메추리알을 넣어 돌돌 말아요.

2 볼에 **양념 재료**를 모두 넣어 섞은 후, 돼지고기로 만 메추리알을 넣고 5~10분간 재워요.

3 팬에 식용유를 두르고 돼지고기 메추리알말이를 넣고 튀기듯이 지져요.

콜리플라워 & 콩 샐러드 (1인분)
재료 : 콜리플라워 20g, 물 적당량, 믹스콩(통조림) 20g, 드레싱 1작은술

1. 콜리플라워를 한입 크기로 잘라 끓는 물에 데친다.
2. 볼에 콜리플라워와 믹스콩을 넣고 드레싱을 뿌려요(드레싱은 별도의 용기에 담아 가야 좋아요).

예쁜 꼬치에 꿰어 만든
닭꼬치 도시락

파와 닭고기를 예쁜 꼬치에 꿰어 나란히 도시락에 담아주세요.
꼬치에 대파와 닭고기를 번갈아 꿰면 도시락이 한층 예쁘답니다.
양념달걀은 미리 만들어두면 도시락 반찬으로 활용하기 편리하답니다.

**메인
메뉴**

닭꼬치
(1인분)

주재료 닭 다리살 50g, 대파
50g, 식용유 적당량, 시치미(또
는 고춧가루) 조금
양념 간장 1작은술, 맛술 1작은
술, 미림 1작은술, 설탕 1/2작
은술

1 닭고기는 한입 크기로 썰고, 대파는
5cm 길이로 썰어요.

시치미가 없을 때는
고춧가루를 살짝
뿌리세요.

2 팬에 식용유를 두르고 닭고기와 대
파를 노릇하게 구워요. 양념 재료
를 모두 넣어 1분 정도 조린 후 시치미를 뿌
려요.

쿠킹포인트

시치미는 7가지 맛을 섞은 일
본 조미료를 말해요.
백화점 수입 코너나 대형마트
수입 조미료 코너에서 구입할
수 있고 온라인 쇼핑몰 www.
52sii-page.com에서도 판매
하고 있어요.

당근초절임
만드는 법은 32쪽을 참고하세요.

양념달걀
만드는 법은 34쪽을 참고하세요.

깻잎절임
만드는 법은 35쪽을 참고하세요.

사
이
드
메
뉴

닭날개 양념구이 도시락

닭 날개는 작은 것으로 준비해 조리시간도 줄이고, 간편하게 먹을 수 있도록 했어요.
도시락에 밥을 담기 전에 먼저 닭 날개의 크기를 반찬통에 맞춰본
다음 밥을 담으면 단정하고 예뻐 보인답니다. 일회용 물수건을 챙기는 것도 잊지 마세요.

메인
메뉴 닭날개
양념구이 (1인분)

주재료 닭 날개(작은 것) 100g, 소
금 조금, 후춧가루 조금, 밀가루 1
작은술, 식용유 적당량

양념 고추장 1/2큰술, 케첩 1작은
술, 설탕 1/2작은술, 맛술 2작은술,
다진 마늘 1/2작은술

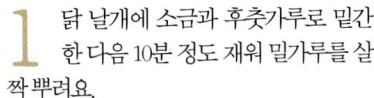

1 닭 날개에 소금과 후춧가루로 밑간
한 다음 10분 정도 재워 밀가루를 살
짝 뿌려요.

> 튀겨도 좋지만 튀김이
> 번거로울 때는 식용유를
> 넉넉히 두르고 튀기듯이
> 지지면 편리해요.
> 숟가락으로 식용유를 떠서
> 끼얹어가며 익히세요.

2 식용유를 팬에 1cm 높이 정도 붓고
닭 날개를 튀기듯이 지진 후 그릇
에 담아요.

> 2~3분간 살짝 끓여
> 불에서 내린 후
> 그대로 식혀주세요.

3 팬의 기름을 닦아낸 후 양념 재료를
모두 넣고 약한 불에서 끓어오르기
시작하면 닭 날개를 넣고 양념이 배도록 고
루 버무려요.

사
이
드
메
뉴

연근초절임 (1인분)

주재료 : 연근 50g

단촛물 : 식초 1/4컵, 물 2큰술, 설탕 1큰술, 소금 1/3작은술, 마른 고추 썬 것 1큰술

1. 연근은 껍질을 벗기고 적당한 크기로 썰어요. 볼에 단촛물 재료를 모두 넣어 고루 섞
은 다음 연근을 넣고 버무려요.
2. 전자레인지에서 3분 정도 가열해요.

호두조림

만드는 법은 28쪽을 참고하세요.

그윽한 카레향이 솔솔

카레 치킨구이 도시락

늦잠을 자는 바람에 아침시간에 바쁘게 서두를 때가 있어요.
그럴 때는 팬 하나로 뚝딱 만드는 메뉴는 어떨까요? 팬에 치킨과 꽈리고추,
감자 베이컨을 모두 넣고 조리해보세요.
한 번에 세 가지 반찬을 모두 만들어내는 신기한 경험을 할 수 있어요.

카레 치킨구이
(1인분)

주재료 닭 다리살 80g

양념 카레가루 1/4작은술, 소금 조금, 후춧가루 조금, 식용유 적당량

닭고기를 익힐 때는 껍질 부분부터 구운 다음 뒤집어서 익히세요.

1 닭고기는 한입 크기로 썰어 양념 재료를 모두 넣고 버무려 5분 정도 재워요.

2 팬에 식용유를 두르고 한쪽에 닭고기를 넣고 익혀요.

구운 꽈리고추(1인분)
재료 : 꽈리고추 2개, 소금 조금, 후춧가루 조금, 식용유 적당량

팬의 한쪽에 꽈리고추를 넣고 구워요.

감자 베이컨볶음(1인분)
재료 : 감자 50g, 베이컨 5g, 소금 조금, 후춧가루 조금, 식용유 적당량

감자는 채 썰어 물에 한 번 씻어 팬의 한쪽에 감자와 베이컨을 넣고 약한 불에서 볶은 후 소금과 후춧가루로 간해요.

아스파라거스마요네즈(1인분)
재료 : 아스파라거스 30g, 마요네즈 조금

아스파라거스는 끓는 물에 데쳐 식힌 후 도시락에 담고 마요네즈를 올려요(아스파라거스를 데칠 때 끓는 물에 소금을 조금 넣으면 색상이 선명해요).

우리집 별미 에스닉풍

치킨구이 도시락

피자소스(달프라)를 넣어 만드는 에스닉풍 치킨구이예요.
밥과 반찬을 따로 담아내도 좋지만 오목한 도시락에 밥을 담고
양상추를 올리고 오이를 깐 다음 치킨구이를 올려 더욱 풍성하고
먹음직스럽게 연출했답니다. 사이드 메뉴로
새콤달콤한 채소피클을 곁들였어요.

치킨구이 (1인분)

주재료 닭 다리살 120g, 식용유
적당량, 오이 30g, 양상추 1장
양념 피시소스(난프란) 1큰술, 설
탕 1/2큰술, 잘게 썬 파 1작은술

쿠킹포인트

피시소스(난프란)는 동남아
요리에서 사용하는 민물고
기나 바다물고기를 소금으로
발효시켜 만드는 액체 양념
이에요.
동남아소스를 취급하는 쇼핑
몰이나 내형 할인마트, 백화
점 식품 매장에서 구입할 수
있어요.

1 닭고기는 한입 크기로 썰어요. 볼에
양념 재료를 모두 넣어 고루 섞어요.

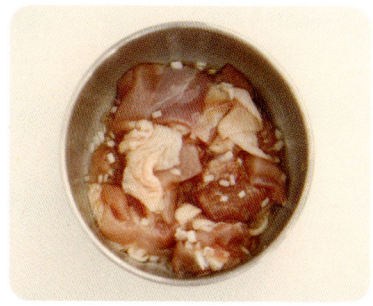

2 볼에 닭고기와 양념장을 넣어 닭고
기에 양념이 고루 배도록 버무려요.

3 양상추는 씻어서 물기를 제거하고
오이는 채 썰어요.

닭고기는
껍질 부분이 팬의
바닥으로 가도록 익히세요.
불이 세면 속은 안 익고
타버리므로 중간 불에서 익
히고, 콘면이 노릇하게 익으
면 불을 줄여 속까지
익히세요.

4 팬에 식용유를 두르고 닭고기를 넣
고 속까지 익혀요.

채소피클
만드는 법은 33쪽을 참고하세요.

사
이
드
메
뉴

아삭아삭 파프리카와 함께하는
대구버터구이 도시락

파프리카의 상큼한 맛이 대구버터구이와 잘 어우러진 도시락이에요.
대구에 소금을 뿌려 간하는 동안 파프리카를 볶으면 요리하는 시간을
단축할 수 있어요. 파프리카는 맛은 물론 색상 또한 화사해서
식욕을 돋워준답니다.

메인 메뉴 **대구버터 구이** (1인분)

주재료 대구 80g, 소금 조금, 밀가루 1작은술, 식용유 적당량, 파프리카(빨강, 노랑) 40g, 소금 조금, 후춧가루 조금

양념 간장 1작은술, 미림 1작은술, 버터 5g

양념장을 넣어 한 번 더 간하므로 소금으로 가볍게 밑간만 하세요.

1 대구에 소금을 뿌려 10분 정도 간하는 동안 양념 재료를 모두 섞어요.

2 파프리카는 한입 크기로 썰어 팬에 가볍게 볶고 소금과 후춧가루로 간해요.

대구살은 잘 부서지므로 여러 번 뒤집지 말고 노릇하게 익었을 때 한 번만 뒤집어주세요.

3 대구는 키친타월로 눌러 물기를 제거한 다음 밀가루를 묻혀요. 팬에 식용유를 두르고 대구를 노릇하게 구워요.

양념장을 넣으면 너무 오랫동안 조리지 말고 살짝만 익히세요.

4 팬에 양념장을 넣고 대구에 양념이 배도록 2분 정도 끼얹어가며 익혀요.

양념 맛이 제대로 밴
대구조림 도시락

식욕을 돋우는 매콤달콤한 대구조림은 맛이 간간해서 밥 한 공기
뚝딱 비우는 메뉴예요. 여기에 삼삼한 어묵 오이조림을 곁들여보세요.
도시락에 반찬 양을 반씩 넣으면 한결 먹음직스럽답니다.

대구조림 (1인분)

주재료 대구 70g, 맛술 1큰술, 식용유 적당량

양념 다진 마늘 1작은술, 간장 1큰술, 식초 1큰술, 설탕 1/2작은술, 참기름 1작은술, 고추장 1작은술

1 대구는 4cm 길이로 썰어 맛술을 끼얹어요. 볼에 **양념 재료**를 모두 넣어 고루 섞어요.

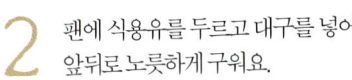

2 팬에 식용유를 두르고 대구를 넣어 앞뒤로 노릇하게 구워요.

대구살은 잘 부서지므로 한 면이 노릇해지면 뒤집어 익혀요. 양념을 넣고 나서는 팬의 손잡이를 잡고 양념이 배도록 흔들면서 익히세요.

3 팬에 양념장을 넣고 끓어오르면 대구를 넣어 양념을 끼얹어가며 익혀요.

어묵 오이조림(1인분)

주재료 : 어묵 1개, 오이 1/2개, 소금 조금
양념: 맛술 1/2큰술, 미림 1/2큰술, 물 1/2큰술

1. 오이는 얇게 썰어 소금을 뿌려 손으로 버무려서 3분 정도 후에 물기를 꼭 빼요.
2. 내열용기에 모든 **양념 재료**와 어묵을 넣고 전자레인지에서 20초 정도 가열한 다음 오이를 넣어 고루 버무려요.

사이드메뉴

말이 필요 없는 간단 일품 메뉴
연어구이 도시락

천연 나무 도시락에 밥을 3분의 2정도 담고 연어를 가장자리에 올린 다음
한쪽에 우엉 당근조림을 듬뿍 담았어요. 고소한 우엉향이 연어구이와도
찰떡궁합이랍니다. 또 간단하고 맛이 좋아 도시락 메뉴로 인기가 최고예요.

메인 메뉴

연어구이
(1인분)

재료 연어(소금 간한 것) 1조각
(80g)

소금 간이 안 된 연어는 소금 간을 해서 구워주세요.

쿠킹포인트

우엉 당근조림은 넉넉히 만들어 한 번 분량씩 포장해 냉동 보관해도 좋아요. 도시락에 따로 해동할 필요 없이 그대로 담으면 도시락을 먹을 즈음에는 자연스럽게 해동된답니다.

1 연어를 예열된 그릴에 올려 약불에서 양면을 구워요.

우엉 당근조림(1인분)

주재료 : 우엉 70g, 당근 60g, 참기름 1/2큰술, 잘게 썬 매운 홍고추 1/2작은술
양념 : 물 1큰술, 미림 1/2큰술, 설탕 1큰술, 간장 1큰술

1. 당근과 우엉은 곱게 채 썰어요(우엉은 채 썰어 물에 한 번 행구세요).

2. 냄비에 참기름을 두르고 매운 홍고추를 넣어 볶다가 우엉을 넣고 볶은 후 당근을 넣어 중간 불에서 볶아요.

3. 물 1큰술을 넣어 물기가 없어질 때까지 볶다가 설탕, 미림을 넣고 볶아요. 마지막에 간장을 넣고 물기가 없어질 때까지 바특하게 볶아요(우엉 당근조림은 만들어서 냄비째 식혀야 양념이 잘 배어 맛이 좋아요).

사이드 메뉴

부드러움에 반해버린
방어데리야키 도시락

데리야키소스가 배어 방어의 부드러운 맛을 더욱더 살려준답니다.
데리야키의 양념이 밥에 살짝 스며들어도 맛있기 때문에 밥과 방어데리야키를
비스듬히 담아도 좋아요. 아삭한 양배추와 매콤달콤한 진미채를 곁들여
입맛을 돋게 해요. 하얀 밥에는 가운데 검은깨를 뿌려 포인트를 주세요.

메인 메뉴

방어데리야키
(1인분)

주재료 방어 1조각(80g), 밀가루 1/2작은술, 식용유 적당량
양념 간장 1큰술, 미림 1/2큰술, 맛술 1/2큰술, 설탕 1작은술

생선구이는 한 면을 완전히 익힌 다음 뒤집어 구워주세요. 여러 번 뒤집으면 생선살이 쉽게 부서질 수 있어요. 또 위로 올라오는 면을 먼저 구우세요.

1 방어는 키친타월로 눌러 물기를 제거한 다음 밀가루를 얇게 묻혀요.

2 팬에 식용유를 두르고 중간 또는 약한 불에서 방어를 넣어 구워요.

3 팬에 남아 있는 기름을 키친타월로 닦은 다음 약한 불에서 양념 재료를 모두 넣어 끓어오르면 방어에 양념장을 끼얹어가며 간이 배도록 끓여요.

양배추절임
만드는 법은 34쪽을 참고하세요.

진미채무침
만드는 법은 25쪽을 참고하세요.

사이드 메뉴

새콤아삭 소스의 맛을 살린

연어소스구이 도시락

지글지글 팬에 구운 연어에 새콤달콤한 양념을 올렸어요. 아삭아삭 양파까지 더하니
점심시간이면 딱 맛있게 된답니다. 흰밥 위에 후리카케나 마른반찬 등으로 포인트를
줄 때는 이왕이면 도시락 반찬에 없는 색으로 골라 담으세요.

연어소스구이
(1인분)

주재료 연어(소금 간한 것) 1조
각(80g), 녹말가루 1/2큰술, 식
용유 적당량

양념 양파 40g, 간장 1큰술, 식
초 1/2큰술, 미림 1/2큰술

소금 간이 안 된
연어는 소금 간을
해주세요.

1 연어는 한입 크기로 썰고, 양파는 얇
게 썰어요.

2 볼에 양념 재료를 한데 넣고 고루
섞은 후 양파를 넣어요.

3 연어에 녹말가루를 묻히고 팬에 식
용유를 두르고 연어를 넣어 구워요.

4 연어가 뜨거울 때 미리 섞어둔 양념
장을 넣어 끓이다가 그대로 식혀요.

사
이
드
메
뉴

마른 톳조림 (1인분)
주재료 : 마른 톳(물에 불린 것) 100g, 당근 50g, 유부
50g, 식용유 2작은술
양념 : 설탕 2작은술, 맛술 1큰술, 미림 1큰술, 간장 1큰
술, 물 1/4컵

1. 팬에 식용유를 두르고 당근, 유부, 물에 불린 톳을
넣고 3~5분간 볶아요. 양념 재료를 모두 넣어 고루
섞어요 (유부는 뜨거운 물을 끼얹어 기름기를 제거해서
사용하세요).
2. 양념장을 넣고 중간 또는 약한 불에서 물기가 없
어질 때까지 볶아요.

삶은 문어 (1인분)
주재료 : 삶은 문어 30g
초고추장 : 고추장 1작은술, 식초 1/2작은술, 통깨 1/4작
은술, 다진 마늘 1/4작은술, 설탕 1/4작은술

삶은 문어를 도시락에 담고 초고추장은 별도의 용
기에 담아요.

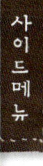

절대 실패 없는 메뉴
오징어볶음 도시락

매콤한 맛의 오징어볶음은 반찬으로 일품이지만, 덮밥으로 만들면 도시락
메뉴로도 유용하답니다. 오징어를 전날 손질해두면 바쁜 아침시간에도 재빨리
만들 수 있어요. 아무래도 바쁜 아침에 재료를 손질하려면 번거롭거든요.

메인 메뉴

오징어볶음
(1인분)

주재료 오징어 1/2마리, 양파 30g, 대파 30g, 식용유 적당량, 밥 1공기

양념 고추장 1큰술, 간장 1/2큰술, 맛술 1/2큰술, 설탕 1/2큰술, 다진 마늘 1작은술, 통깨 1/4작은술, 소금 조금, 후춧가루 조금

불에 양념 재료를 모두 넣어 고루 섞어주세요.

1 오징어는 손질해서 칼집을 넣어 먹기 좋은 크기로 썰고, 대파는 어슷 썰고, 양파는 한입 크기로 썰어요.

2 팬에 식용유를 두르고 양파와 대파를 넣어 볶아요.

오징어는 넣고 나서 너무 오랫동안 볶지 마세요. 채소도 오래 볶으면 숨이 죽으니 주의하세요.

3 오징어를 넣고 양념장을 부어 재빨리 볶아요.

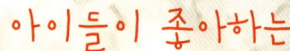

새우케첩볶음 도시락

보송보송한 새우와 케첩 양념은 정말 찰떡궁합이에요. 조리법도
간단해서 아침시간에 특별한 준비 없이 금세 만들 수 있는 메뉴랍니다.
양을 조금 많이 만들어 밥 위에 올려 덮밥처럼 도시락을 만들어도 좋아요.
밥 위에 구운 명란젓을 얇게 썰어 올려보았어요.

새우케첩볶음
(1인분)

주재료 새우(껍질 벗긴 것) 80g, 완두콩(통조림) 1큰술, 참기름 1작은술, 소금 조금, 후춧가루 조금

양념 케첩 1+1/2큰술, 우스터소스 1작은술, 맛술 1큰술, 고추장 1/4작은술

볼에 **양념** 재료를 모두 넣고 고루 섞어주세요.

1 팬에 참기름을 두르고 새우와 완두콩을 넣어 2~3분간 볶아요.

2 양념장을 넣고 볶다가 새우와 완두콩이 익으면 소금과 후춧가루로 간해요.

호박 카레조림(1인분)
재료 : 호박 100g, 물 1/4컵, 버터 5g, 설탕 1큰술, 카레가루 1/4작은술

1. 냄비에 호박을 한입 크기로 썰어 설탕을 넣고 약한 불에서 뚜껑을 덮고 익혀요.
2. 뚜껑을 열고 물, 버터, 카레가루를 넣고 10분 정도 조려요.

오이&햄 샐러드(1인분)
재료 : 오이 50g, 소금 1/8작은술, 햄 15g, 올리브유 1작은술, 식초 1작은술, 소금 조금, 후춧가루 조금

1. 햄은 3cm 길이로 얇게 썰고, 오이는 얇게 썰어 소금을 넣고 버무려 10분 정도 후에 물기를 꼭 짜요.
2. 팬에 올리브유를 두르고 햄을 넣어 볶다가 식초를 넣고 소금과 후춧가루로 간해서 식혀요. 물기를 짠 오이를 넣어 고루 버무려요.

먹을수록 다시 찾게 되는
새우볶음 도시락

마요네즈를 넣어 볶은 새우는 등이 보이도록 나란히 도시락에 담고,
옆에 아스파라거스를 담으세요. 밥 가장자리를 한 숟가락 덜어낸 다음
실리콘 반찬통을 넣고 멸치볶음을 담아주세요. 도시락은 눈으로
먼저 즐기고 그 다음 맛으로 먹으면 좋겠지요.

메인 메뉴 새우볶음 (1인분)

재료 칵테일새우 40g, 아스파라거스 2대, 마요네즈 1/2큰술, 식용유 적당량

1 아스파라거스는 3cm 길이로 썰어요.

2 팬에 식용유를 두르고 아스파라거스를 넣어 볶다가 새우를 넣고, 마지막에 마요네즈를 넣고 볶아요.

사이드메뉴

새송이버섯구이 (1인분)
재료 : 새송이버섯 30g, 다진 마늘 1작은술, 버터 1작은술, 간장 1작은술

1. 팬에 버터를 녹인 후 약한 불에서 다진 마늘을 넣어 볶다가 마늘향이 나기 시작하면 새송이버섯을 넣어 굽듯이 볶아요.
2. 간장을 넣고 살짝 더 볶아요.

토마토 샐러드 (1인분)
재료 : 토마토 30g, 바질 1장, 시판 드레싱 1작은술

토마토는 한입 크기로 썰어 바질과 함께 도시락에 담고 시판 드레싱을 뿌려요.

바삭바삭 맛있는
새우가츠 도시락

손바닥만하게 만든 새우가츠는 보기만 해도 먹음직스럽지요.
한 번에 쏙 들어갈 수 있도록 네모난 도시락에 담았답니다.
바닥에 곱게 썬 양배추를 깔고 새우가츠를 예쁘게 올려주세요.
귀퉁이에 방울토마토를 담는 것도 잊지 마시고요! 타르타르소스가 좋지만
만들기 번거로울 때는 락교를 잘게 썰어 마요네즈와 버무리면 좋아요.

메인메뉴 · 새우가츠 (1인분)

재료 칵테일새우 80g, 양파 30g, 밀가루 1큰술, 빵가루 1+1/2큰술, 달걀물 1큰술, 소금 조금, 후춧가루 조금, 튀김기름 적당량, 빵가루 3큰술, 채썬 양배추 30g, 방울토마토 2개

1 새우와 양파는 잘게 썰어요.

2 볼에 새우와 양파를 넣고 고루 섞은 후 밀가루, 빵가루(1+1/2큰술), 달걀물을 넣고 소금과 후춧가루로 간해서 반죽을 만들어요.

반죽이 부드러우므로 조심해서 모양을 잡으세요.

반죽을 손에 올려 모양이 흐트러지지 않게 조심해서 빵가루를 묻히세요.

3 반죽을 손바닥 크기로 동그랗게 모양을 잡아요.

4 3의 새우가츠 반죽에 빵가루를 살살 묻혀요.

작은 팬에 1cm 높이 정도 튀김기름을 부어 튀기는데, 숟가락으로 기름을 끼얹어가며 튀기면 기름 양이 적어도 바삭한 튀김 요리를 완성할 수 있어요.

5 새우가츠를 160~170℃의 튀김 기름에서 노릇하게 튀겨요.

락교 타르타르소스(1인분)
재료 : 락교 30g, 마요네즈 2큰술, 후춧가루 조금, 다진 파슬리 1/2작은술

볼에 락교를 잘게 썰어 넣고 마요네즈, 후춧가루, 파슬리를 넣어 고루 버무려요.

사이드메뉴

심플한 양념 맛의 졸깃졸깃

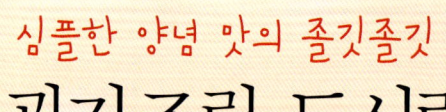

관자조림 도시락

짭조름하면서도 달달한 관자조림은 도시락에 그냥 담는 것보다 예쁜 꼬치에 꿰어 담으면 얼마나 근사한지 몰라요. 관자조림은 시간이 있을 때 미리 만들어두면 좋은 메뉴예요. 아침에 시금치와 옥수수만 후다닥 볶아서 도시락에 담으면 먹음직스러운 도시락이 뚝딱 완성된답니다.

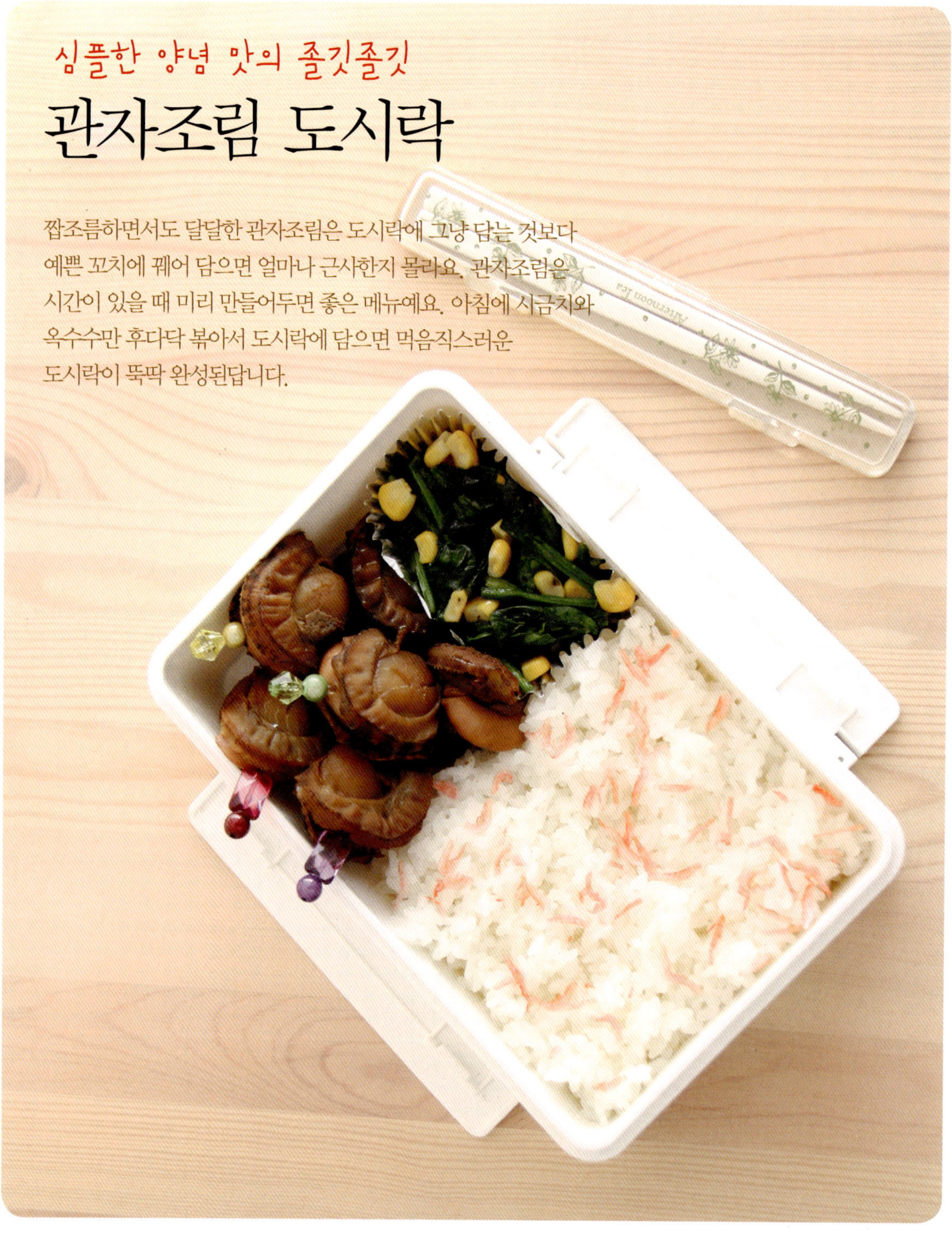

관자조림
(1인분)

주재료 삶은 관자 200g
양념 물 1/2컵, 간장 1큰술, 맛술
1큰술, 미림 1큰술, 설탕 1/2큰술

국물이 거의
없어질 때까지
조리세요.

1 냄비에 양념 재료를 모두 넣어 고루
섞어요.

2 냄비에 관자를 넣고 약한 불에서 15
분 정도 조려요.

시금치 옥수수볶음(1인분)
재료 : 시금치 60g, 옥수수(통조림) 2큰술, 버터 2작은술, 소금 조금, 후춧가루 조금

1. 팬에 버터를 두르고 시금치를 넣고 볶아요(시금치는 5cm 길이로
썰어요).
2. 시금치가 숨이 죽으면 옥수수을 넣어 볶다가 소금과 후춧가루
로 간해요.

마늘과 버터향이 입맛을 돋우는
시푸드 갈릭버터구이 도시락

시판 냉동 시푸드믹스를 이용해 간단하게 만든 도시락이랍니다.
도시락에 상추를 한 장 깔고 시푸드 갈릭버터구이를 올리면 맛깔스럽고
먹음직스러워요. 간단하게 만드는 아삭한 맛이 매력인 오이맛살 초무침을
곁들이면 점심시간이 기다려지겠죠.

시푸드 갈릭버터구이(1인분)

재료 냉동 시푸드믹스 80g, 버터 5g, 다진 마늘 1/2작은술, 간장 1작은술, 다진 파슬리 조금

1 냉동 시푸드믹스는 반쯤 해동해서 사용해요.

2 팬에 버터와 마늘을 넣어 볶다가 마늘향이 나기 시작하면 시푸드믹스를 넣고 볶아요.

시푸드 갈릭버터구이가 완성되면 다진 파슬리를 뿌리세요.

3 팬에 간장을 두르고 빠르게 익혀요.

오이맛살 초무침(1인분)

재료 : 오이 30g(1/2개), 맛살 30g, 소금 1/8작은술, 설탕 1/2작은술, 식초 1/2큰술, 물 1/2큰술, 미림 1/2큰술

1. 오이는 얇게 썰고, 맛살은 잘게 찢어요.
2. 오이에 소금을 넣고 살살 버무려 3분 정도 두었다가 물기를 꼭 짜요.
3. 내열용기에 식초, 물, 미림을 넣어 섞고 오이와 맛살을 넣어 전자레인지에서 30초 정도 돌려요.

달걀구이(1인분)

재료 : 달걀 1개, 소금 조금

달걀을 풀어 소금으로 간해서 고루 저은 후, 팬을 약한 불에 올려 달걀물을 부어 젓가락으로 재빨리 저어가며 익혀요.

식어도 맛이 좋은
감자조림 도시락

항상 우리 곁에 있는 신선한 재료라면 감자와 양파 아닐까요?
살짝 매콤달콤하게 만든 감자조림은 식어도 맛이 좋아 도시락 반찬으로도
제격이랍니다. 메인 반찬인 감자조림을 가운데 담고 양쪽으로
아스파라거스와 두부를 담았어요. 깜직한 간장병도
두부 옆에 담아 귀여움을 더했답니다.

메인 메뉴

감자조림
(1인분)

주재료 감자 1개, 양파 60g, 식용유 1/2큰술

양념 간장 1큰술, 고춧가루 2작은술, 맛술 1큰술, 물 1+1/2큰술, 통깨 1작은술

감자와 양파는 반찬통의 크기를 감안해 쏙 들어가는 크기로 썰어주세요.

1 감자와 양파는 먹기 좋은 크기로 썰어요. 볼에 **양념** 재료를 모두 넣어 고루 섞어요.

2 냄비에 식용유를 두르고 감자를 넣어 볶다가 반쯤 익으면 양파와 양념장을 넣고 약한 불에서 15분 정도 조려요.

두부 (1인분)
재료 : 두부 10g, 간장 1작은술

두부를 반찬통에 담고 간장은 별도의 용기에 담아요.

아스파라거스 스틱 (1인분)
재료 : 아스파라거스 2~3대, 아몬드(잘게 썬 것) 1작은술, 마요네즈 1작은술

아스파라거스는 끓는 물에 데쳐 마요네즈와 아몬드를 넣어 버무려요(마요네즈를 올리고 한쪽에 아몬드를 담으세요).

매콤함을 약간 더한
감자전 도시락

감자전은 전날 반죽을 만들어 냉장고에 넣어두었다가
아침에 굽기만 하면 한결 간편하답니다. 같은 크기로 구운 감자전은
나란히 도시락에 담으면 훨씬 근사해요.
고추장 꽈리고추 멸치볶음은 꽈리고추와 멸치를
살짝 나눠 담았답니다.

감자전
(1인분)

재료 감자 160g, 양파 60g, 밀가루 20g, 녹말가루 20g, 고추장 2작은술, 다진 마늘 1/2작은술, 설탕 1큰술, 다진 파슬리 조금, 소금 조금, 물 1큰술+2작은술, 식용유 적당량

1 감자는 껍질을 벗겨 강판에 갈고 양파는 잘게 썰어요.

2 볼에 식용유를 제외한 재료를 모두 넣고 고루 섞어 감자전 반죽을 만들어요.

3 팬에 식용유를 두르고 반죽을 한 숟가락씩 떠 넣어 중간 불에서 앞뒤로 노릇하게 지져요.

고추장꽈리고추 멸치볶음
재료 : 만드는 법은 30쪽을 참고하세요.

락교
시판 락교 20g

사이드 메뉴

화사한 분위기의
무스테이크 도시락

갈색이 감도는 도톰한 무스테이크에 화사한 노랑과 초록색이
돋보이는 꼬투리완두콩 달걀을 곁들이면 전체적으로 부드러운
분위기를 완성할 수 있어요. 방울토마토로 포인트를 주는 것도 잊지 마세요.
웰빙 메뉴로 몸도 건강해지는 메뉴랍니다.

메인 메뉴

무스테이크
(1인분)

주재료 무 180g, 새싹채소 30g, 다진 마늘 1작은술, 올리브유 적당량

양념 간장 1큰술, 맛술 1큰술, 미림 1큰술, 물 1작은술

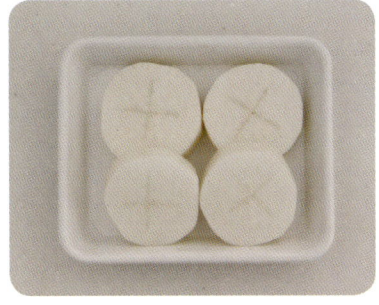

1 무는 껍질을 벗겨 1.5cm 두께로 썰어 한쪽 면에만 가운데 열십자로 칼집을 넣어요.

2 무는 전자레인지에서 5분 정도 가열해요.

3 팬에 올리브유를 두르고 마늘을 넣어 볶아요. 무를 넣고 앞뒤로 구운 다음 무를 접시에 담아요.

4 팬에 양념 재료를 모두 넣어 살짝 끓인 후 무를 넣어 소스를 끼얹어 가면서 조려요.

꼬투리완두콩 달걀(1인분)
재료 : 꼬투리완두콩 5개, 달걀 1개, 소금 조금

사이드 메뉴

1. 꼬투리완두콩은 끓는 물에 데치고, 달걀은 풀어서 소금으로 간한 다음 데친 꼬투리완두콩을 넣어 고루 섞어요(꼬투리완두콩은 끓는 물에 소금을 조금 넣고 데쳐야 색상이 선명해요).

2. 팬에 식용유를 두르고 중간 또는 약한 불에서 달걀물을 붓고 젓가락으로 재빨리 저어가며 익혀요(중간 또는 약한 불에서 빠르게 익히세요).

상큼한 양념이 고루 배인

연근구이 도시락

기다란 도시락에 줄을 세우듯 구운 연근을 하나씩 담고 양념을 끼얹었어요.
이렇게 하면 점심시간이 되면 자연스레 연근에 양념 맛이 배어 간이 딱 맞아요.
흰밥에는 큼직한 검은콩조림을 하나하나 올렸답니다.

연근구이
(1인분)

주재료 연근 1/2개, 녹말가루
조금, 식용유 적당량
양념 잘게 썬 쪽파 2큰술, 통깨
2작은술, 물 3큰술, 간장 1큰술,
식초 1큰술

1 연근은 껍질을 벗기고 0.5cm 두께로
썰어 녹말가루를 묻혀요.

2 팬에 식용유를 두르고 중간 또는
약한 불에서 연근을 넣어 노릇하게
지져요.

3 볼에 양념 재료를 모두 넣어 고루 섞
은 후 연근이 따끈할 때 끼얹어요.

피망&새송이버섯볶음(1인분)
재료 : 새송이버섯 50g, 피망 2개, 참기름 1/2작은술, 간장 1큰술, 물 3/4컵, 후춧가루 조금

1. 냄비에 참기름을 두르고 피망과 새송이버섯을 한입 크기로 썰어 넣어 볶다가 간장과
물을 넣고 15~20분간 국물이 없어질 때까지 조려요.
2. 마지막에 후춧가루를 뿌려요.

당근 & 콜리플라워 샐러드(1인분)
재료 : 당근 30g, 콜리플라워 10g, 시판 드레싱 2작은술

당근과 콜리플라워는 끓는 물에 데쳐 드레싱을 끼얹어요.

고기 맛이 살짝 느껴지는 마법의
연근튀김 도시락

연근을 곱게 갈아서 만든 연근튀김이에요. 표면은 바삭거리고
속은 쫄깃한 식감이 식욕을 돋워준답니다. 작은 간장병도 도시락에
함께 넣어주세요. 도시락의 단골 메뉴인 달걀은 삶아서
으깬 후 랩으로 싸서 모양을 잡으면 예쁘답니다.

메인 메뉴

연근튀김
(1인분)

재료 연근 100g, 밀가루 2작은
술, 소금 조금, 김 1/2장, 튀김기
름 적당량, 간장 조금

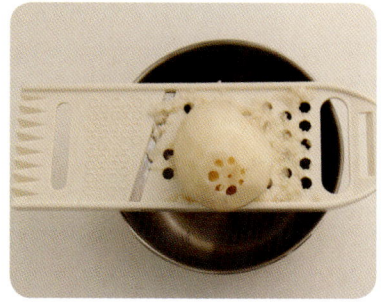

1 연근은 껍질을 벗겨 손질한 후 강판
에 갈아요.

2 볼에 연근, 밀가루를 넣고 소금으로
간해요.

김은 사방
4~5cm
크기로 자르세요.

3 연근을 한 숟가락 떠서 김으로 덮
어요.

팬에 튀김기름을
1cm 높이 정도
부어서 튀기듯
익혀도 됩니다.

4 김으로 덮은 부분이 팬의 바닥으로
가도록 튀김기름에서 튀기는데, 갈
색이 돌면 뒤집어서 튀겨요.

단호박튀김(1인분)
재료 : 단호박 40g

단호박을 0.5cm 두께로 썰어 튀김기름에서 노릇하게 튀겨요.

달걀 샐러드(1인분)
재료 : 삶은 달걀 1개, 소금 조금

달걀은 삶아서 흰자는 곱게 썰고, 노른자는 으깨어 고루 섞은 후 소금으로 간해요. 랩 위에
달걀을 올리고 동그랗게 싸서 마스킹테이프로 입구를 붙여요.

사이드메뉴

동글동글 차분한

애호박전 도시락

맛있게 구운 애호박전과 맛살, 팽이버섯전을 모두 담아 맛있는
도시락을 완성했어요. 따로 담은 간장병은 파란색 용기를 사용해
귀여움을 살렸답니다. 살짝 빈자리엔 디저트로 체리를 담았어요.
이만하면 근사하지 않나요?

메인 메뉴

애호박전
(1인분)

재료 애호박 50g, 달걀 1/2개, 밀가루 1작은술, 소금 조금, 식용유 적당량

1 애호박은 0.3~0.5cm 두께로 썰어 밀가루를 묻히고 달걀물에 담갔다 건져요.

2 팬에 식용유를 두르고 호박을 넣어 앞뒤로 노릇하게 지져요.

사이드메뉴

맛살&팽이버섯전(1인분)
재료 : 맛살 50g, 팽이버섯 30g, 달걀물 1/2개분(애호박전을 만들고 남은 달걀), 식용유 적당량

1. 맛살과 팽이버섯은 2cm 길이로 썰어 달걀물에 넣고 소금으로 간해요.
2. 팬에 식용유를 두르고 반죽을 한 숟가락씩 떠 넣고 노릇하게 지져요.

브로콜리 깨무침(1인분)
재료 : 브로콜리 30g
양념 : 깨소금 1작은술, 간장 1/2작은술, 설탕 1/2작은술, 미림 1/2작은술, 다진 마늘 조금

양념 재료를 모두 넣어 고루 섞은 다음 데친 브로콜리에 넣어 버무려요.

채소 맛이 그윽한
라타투이 도시락

심플하고 기다란 슬림한 도시락을 3등분으로 나누어 메인 메뉴인
채소를 3분의 2쯤 담고, 실리콘 반찬통을 넣어 고구마 아몬드조림을 담았어요.
밥을 담은 도시락 귀퉁이에도 오이간장무침을 조금 담았어요.
밥이나 반찬의 양은 식성에 따라 조절하세요.

라타투이
(1인분)

재료 가지 80g, 토마토 80g, 양파 50g, 다진 파슬리 조금, 올리브유 1/2큰술, 콘소메 1/2작은술, 물 3큰술, 케첩 1큰술, 소금 1/2작은술, 설탕 1작은술

1 가지는 1.5cm 주사위 모양으로 썰어 물(분량 외)에 5분 정도 담갔다가 물기를 빼요. 토마토는 1.5cm 주사위 모양으로 썰고, 양파는 잘게 썰어요.

2 팬에 올리브유를 두르고 중간 불에서 양파를 넣어 볶은 다음 가지, 토마토를 넣어 볶아요.

3 팬에 물 콘소메를 넣어 약한 불에서 뚜껑을 덮고 10분 정도 졸이다가 케첩, 소금, 설탕을 넣고 고루 섞어요.

고구마 아몬드조림(1인분)
주재료 : 고구마 75g, 아몬드(잘게 썬 것) 1큰술
양념 : 레몬즙 1/2큰술, 마요네즈 1큰술, 소금 조금

1. 고구마는 1cm 두께로 썰고 냄비에 담고 고구마가 잠길 정도로 물을 부어 10분 정도 삶아요.
2. 볼에 소스 재료를 한데 넣어 섞고 조린 고구마, 아몬드를 넣고 고루 뒤적거리며 조려요.

오이간장무침(1인분)
주재료 : 오이 1/2개
양념 : 간장 1큰술, 식초 1/2큰술, 설탕 1/2작은술, 마른 홍고추 1작은술

1. 오이는 한입 크기로 썰어요.
2. 볼에 양념 재료를 모두 넣어 섞은 다음 오이를 넣고 버무려요.

노릇노릇하게 굽고, 맛있는 양념을 더한
두부구이 도시락

노릇노릇 바삭바삭하게 구운 두부를 살짝 비스듬히 담고 가운데에
양념장을 자연스럽게 올렸어요. 두부의 양념은 별도로 조금
더 준비하는 것도 좋답니다. 꽈리고추와 당근 & 브로콜리도
두부에 맞춰 차곡차곡 담아주세요.

두부구이
(1인분)

주재료 두부 100g, 밀가루 1+1/2큰술, 꽈리고추 4개, 소금 조금, 식용유 적당량

양념 간장 1큰술, 통깨 1작은술, 잘게 썬 파 1큰술, 식초 1/4작은술, 참기름 1/2작은술, 고춧가루 1작은술

두부는 완전히 식은 다음 반찬통에 담고 그 위에 양념장을 곱게 올려주세요. 꽈리고추는 꼬치에 꿰서 담으세요.

1 볼에 양념 재료를 모두 넣어 고루 섞어요. 두부를 키친타월 위에 올려 물기를 제거한 후 적당한 크기로 썰어 밀가루를 묻혀요.

2 팬에 식용유를 두르고 두부를 넣고 살짝 소금 간을 해서 노릇하게 지진 다음, 팬 가장자리에 꽈리고추도 넣어 재빨리 구워요.

데친 당근&브로콜리(1인분)
재료 : 당근 20g, 브로콜리 20g, 시판 드레싱 1/2큰술

1. 당근은 1cm 두께로 썰어 모양틀로 찍고 브로콜리는 먹기 좋은 크기로 한 송이씩 떼요.
2. 끓는 물에 소금을 조금 넣고 당근과 브로콜리를 데쳐요(당근을 먼저 데치고 나서 브로콜리를 데치세요).

헬시하게 즐기는 점심
쌈밥 도시락

조금 큰 사이즈로 만든 쌈밥은 정사각 도시락에 차례대로 3개씩 담았어요.
쌈장은 도시락에 쌈밥을 모두 담은 다음 조금씩 올리고,
나머지는 따로 담는 게 좋아요. 가지조림을 곁들이면 잘 어울린답니다.

쌈밥
(1인분)

주재료 양배추 3장, 상추 3장, 밥 1공기, 통깨 조금, 소금 조금
쌈장 고추장 1+1/2큰술, 된장 2큰술, 다진 마늘 1작은술, 통깨 1작은술, 참기름 1+1/2작은술, 설탕 1작은술

1 상추는 깨끗이 씻어 물기를 빼고, 양배추는 끓는 물에 데쳐요.

2 볼에 쌈장 재료를 모두 넣어 고루 섞어요.

밥 위에 올린 쌈장이 부족할 수도 있으니 쌈장은 별도의 용기에 넉넉히 담으세요.

3 밥을 한입 크기로 동그랗게 빚어 상추 위에 밥을 올려 도시락에 나란히 담고 쌈장을 밥 위에 조금씩 올려요.

가지조림(1인분)
재료 : 가지 1개, 생강 간 것 1작은술, 참기름 2작은술
양념 : 미림 2작은술, 간장 2작은술, 물 1/2컵

1. 팬에 참기름을 두르고 약한 불에서 한입 크기로 썬 가지를 넣어 볶아요.
2. 양념 재료를 모두 넣고 물기가 없어질 때까지 볶다가 생강을 넣어 볶아요. 가지조림 위에는 생강 간 것을 조금 올려 장식해주세요.

단무지무침(1인분)
재료 : 단무지 30g, 잘게 썬 파 10g, 고춧가루 1작은술, 설탕 1작은술, 식초 1작은술, 통깨 1/2작은술

볼에 재료를 모두 넣어 고루 버무려요.

좋아하는 채소를 나란히
비빔밥 도시락

채소만 넣어 만든 심플하고 간단한 비빔밥 도시락이에요.
밥 위에 채소를 올리고, 고추장과 참기름은 별도의 용기에 담았어요.
반숙으로 익힌 달걀프라이는 따로 예쁘게 담아보았답니다.

메인 메뉴

비빔밥
(1인분)

주재료 당근 40g, 소금 조금, 표고버섯 50g, 후춧가루 조금, 오이 50g, 소금 1/4작은술, 콩나물 50g, 물 1컵, 소금 1/2작은술, 새싹채소 20g, 달걀 1개, 밥 1공기, 참기름 1/2작은술

양념장 고추장 1큰술, 사이다 1작은술, 설탕 1/2작은술

이렇게 담았어요

1
아랫칸에 밥을 담아요.

2
밥 위에 채소를 얹어요.

3
달걀프라이는 따로 담아요.

4
뚜껑을 닫고 소스도 따로 담아요.

고추장, 사이다, 설탕을 한데 섞어 양념장을 만드세요.

1 당근은 채 썰고, 콩나물은 다듬고, 표고버섯과 오이는 곱게 채 썰어요.

2 냄비에 콩나물을 넣고 물을 약간만 부어 소금을 조금 넣어 삶아요.

3 팬에 식용유를 두르고 표고버섯을 넣어 볶다가 소금과 후춧가루로 간해요.

4 팬에 식용유를 두르고 당근을 넣고 볶다가 소금으로 간해요.

5 오이는 소금을 뿌려 10분 정도 후에 물기를 꼭 짜고 팬에 식용유를 두르고 살짝 볶아요. 도시락에 밥을 담고 채소를 모양내서 담아요.

달걀프라이는 따로 담아 먹기 전에 올리세요.

6 달걀프라이를 만들어 밥 위에 올려요.

레스토랑에서 만나는 멋스러운 도시락 런치

점심시간에 회사에서 먹는 도시락이나 산들산들 바람이 부는 공원에서 즐기는 도시락도 좋지만, 가끔은 스타일리시하게 담겨 나오는 레스토랑의 멋스러운 도시락 런치도 행복하답니다. 작고 네모난 도시락 용기에 담겨 우리가 매일 먹는 도시락과는 살짝 다른 도시락 런치 메뉴는 먼저 눈이 즐거워요. 또 여러 종류의 음식을 하나씩 골고루 맛볼 수 있는 재미도 선사하지요.

일본에서는 이런 도시락 런치 메뉴를 즐길 수 있는 레스토랑이 많은데, 그중에서도 미미유가 여성들에게 압도적으로 인기가 좋답니다. 오사카에 있는 미미유 본점은 창업한 지 200년의 전통을 자랑하는 우동스키(신선한 재료에서 우려낸 시원한 국물에 우동면과 여러 종류의 채소와 고기를 넣어 끓여 먹는 전골 요리) 전문집으로 유명해요. 전통을 자랑하는 우동스키 코스요리가 일품인 미미유의 또 다른 매력이 바로 런치 타임이랍니다. 1천 엔 정도의 가격으로 맛있게 즐길 수 있는 예쁜 도시락 런치를 만날 수 있어요. 커다란 쟁반에 밸런스 좋게 조금씩 담긴 아기자기하고 몸에 좋은 요리는 보기만 해도 행복해요. 도시락 런치 세트는 맛있는 우동과 함께 작은 디저트도 곁들여져요. 도쿄 여행길에 맛있고 예쁜 도시락 런치가 생각난다면 꼭 한 번 들러보세요.

홈페이지 http://www.mimiu.co.jp

위치 도쿄 신주쿠

찾아가는 길 JR신주쿠역 동쪽 출구(타카시마야백화점 방향)에서 도보 1분(NOWA빌딩 6층)

시간이 있을 때 미리 만들어두면 유용하게 활용할 수 있는 메뉴랍니다.
수제 냉동식품이니 여유 있게 만들어 보관하면 바쁜 아침에도
스피디하게 도시락을 준비할 수 있어요. 정식으로 만드는 튀김이
부담스러울 때는 작은 팬에 기름을 1cm 높이 정도 부어
지지듯이 익혀도 좋아요.

Part 3

바쁜 아침, 10분 만에 준비하는

수제 냉동식품
도시락

한번 먹으면 잊을 수 없는 맛
감자크로켓 도시락

곱게 으깬 감자와 갈아서 양념한 고기를 넣어 만든 감자크로켓은
어린아이는 물론 어른들에게도 인기가 좋은 메뉴예요.
작고 동글동글한 모양으로 빚어 양배추 샐러드와 함께 도시락에
담아보았답니다. 집에서 드실 때는 좀 더 크게 만들어
푸짐하게 즐겨보세요.

메인 메뉴
감자크로켓
(2회분)

주재료 감자 400g, 양파 80g, 다진 쇠고기 70g, 다진 돼지고기 30g, 버터 20g, 튀김기름 적당량, 소금 1/4작은술, 후춧가루 1/4작은술, 밀가루 2큰술, 달걀 1개, 빵가루 적당량

고기 양념 설탕 2작은술, 간장 2작은술, 브랜디 2작은술

크로켓 소스 케첩 1/2큰술, 돈가스소스 1/2큰술, 머스터드 조금, 통깨 조금

미리 만들어 두기

고기 양념 재료는 미리 잘 섞어두세요.

1 감자는 껍질을 벗기고 한입 크기로 썰어 냄비에 담고 물을 자작하게 부어 5분 정도 삶아서 익힌 후 뜨거울 때 으깨요.

2 다진 쇠고기와 다진 돼지고기는 함께 볼에 넣어 소금과 후춧가루로 간하고, 양파는 잘게 썰어요.

3 팬에 식용유를 두르고 양파를 넣어 볶다가 고기를 넣어 볶은 후 고기 양념 재료를 넣고 볶아요.

넓은 조리용 판에 반죽을 얇게 펴서 똑같은 분량으로 나누어 빚으면 똑같은 크기로 만들 수 있어요.

4 큰 볼에 감자, 고기, 버터를 넣어 고루 섞어 동그랗게 빚어요.

넉넉하게 만들어 냉동해두었다가 1회분씩 꺼내 도시락 반찬으로 이용하세요.

이 상태의 크로켓 반죽을 랩으로 하나씩 싸서 냉동 보관하세요. 바로 튀겨 드시면 더 맛있어요.

5 4의 반죽을 밀가루, 달걀, 빵가루 순으로 튀김옷을 입혀요.

크로켓 소스 재료를
섞어 소스를 미리
만들어 두었다가
곁들여 드세요.

6 냉동 감자크로켓을 180℃의 튀김
기름에서 노릇하게 튀겨요.

연근 스틱(1인분)
재료 : 연근 30g, 식촛물 적당량

연근은 0.5cm 두께로 썰어 식촛물에 담갔다가 물기를 제거하고 팬에 튀기듯이 익혀요
(크로켓을 튀기고 나서 다른 채소도 살짝 튀겨 곁들여보세요).

양배추 샐러드(1인분)
재료 : 양배추 50g, 방울토마토 2개, 시판 드레싱 2작은술

양배추를 곱게 채 썰어 방울토마토와 함께 도시락에 담아 드레싱을 뿌려요.

고기완자 소스볶음 도시락

동글동글 고기완자는 소스볶음 요리 외에도 다양한 조리가 가능해요.
넉넉히 만들어두고 조리방법만 바꾸어 활용해도 좋아요.
버섯은 냉장고에 있는 것이나 다른 요리를 하고 남은
다양한 종류의 버섯으로 볶아도 된답니다.

넉넉하게 만들어
냉동해두었다가
1회분씩 꺼내 도시락
반찬으로 이용하세요.

고기완자 (2회분)

재료 쇠고기 간 것 60g, 돼지고기 간 것 140g, 소금 조금, 후춧가루 조금, 다진 양파 80g, 빵가루 2~3큰술, 달걀물 1/2개 분량

미리 만들어 두기
(고기완자 만들기)

1 볼에 쇠고기와 돼지고기를 소금과 후춧가루로 간해 고루 버무린 다음 양파, 빵가루, 달걀물을 넣고 반죽해요.

이렇게 비닐팩에 담아 냉동 보관하면 필요할 때마다 꺼내 사용하기 편리하답니다.

2 완자를 만들어 넓고 평평한 용기에 하나씩 담고 랩을 씌워 냉동한 후 하나씩 떼어 비닐팩에 담아 냉동 보관해요.

고기완자 소스볶음 (1회분)

주재료 고기완자 6개, 식용유 적당량, 파프리카 20g, 양파 20g, 옥수수(통조림) 10g, 완두콩(통조림) 10g

소스 케첩 4작은술, 돈가스소스 2작은술, 설탕 1작은술, 녹말가루 1/4작은술

아침에 준비하기
(고기완자 소스볶음)

녹말가루가 들어가기 때문에 소스를 사용하기 전에 반드시 저어서 넣으세요.

3 양파, 파프리카는 한입 크기로 썰고, 소스 재료를 한데 넣고 고루 섞어요.

여분의 기름은 키친타월로 닦아내세요.

4 팬에 식용유를 두르고 고기완자를 튀기듯 익힌 다음 그릇에 담아요. 팬에 파프리카, 양파, 옥수수, 완두콩을 넣어 볶아요.

5 팬에 소스를 붓고 약한 불에서 끓인 다음 고기완자를 넣어 뒤적거리며 살살 볶아요.

버섯구이(1인분)
재료: 버섯(느타리버섯, 송이버섯 등) 50g, 식용유 적당량, 소금 조금, 후춧가루 조금

팬에 식용유를 두르고 버섯을 넣어 볶다가 소금과 후춧가루로 간해요.

양념달걀
만드는 법은 34쪽을 참고하세요.

단호박의 영양이 가득한

단호박크로켓 도시락

단호박크로켓은 넉넉하게 만들어두어도 좋아요.
전자레인지에 빠르게 익힌 단호박을 으깨어 냉장 보관하고
아침시간에 후다닥 만들어도 좋지만 으깬 단호박을 샐러드로 먹어도 좋답니다.
도시락에 담을 때는 기름기를 제거하고 완전히 식힌 후에 담으세요.

넉넉하게 만들어
냉동해두었다가
1회분씩 꺼내 도시락
반찬으로 이용하세요.

메인 메뉴

단호박크로켓
(1인분)

재료 단호박(씨를 제거한 것)
400g, 햄 30g, 소금 조금, 밀가루 4큰술, 우유 6큰술, 빵가루 8큰술, 튀김기름 적당량

미리 만들어 두기

밀가루를 묻히고 달걀옷을 입히는 대신 우유에 밀가루를 풀어서 만들었어요. 우유에 밀가루를 넣어 잘 풀어주세요.

1 햄은 잘게 썰고, 단호박을 적당한 크기로 썰어 전자레인지에서 7분 정도 돌려요.

2 단호박을 으깨고 햄을 넣어 고루 섞고 약간의 소금으로 간을 해요.

아침에 준비하기

빵가루를 바른 상태에서 냉동 보관했다가 필요할 때 꺼내서 그대로 튀겨드세요.

3 손으로 둥글게 반죽을 빚은 다음 밀가루를 푼 우유에 담갔다가 빵가루를 골고루 묻혀요.

4 팬에 크로켓이 담길 정도로 튀김기름을 부은 다음 바삭하게 튀겨요.

모차렐라 & 토마토 샐러드(1인분)
재료: 모차렐라 치즈 15g,
방울토마토 3개

모차렐라 치즈와 방울토마토를 작은 꼬치에 꿰요.

단무지(1인분)
재료: 단무지 30g, 통깨 1/4작은술

단무지를 잘게 썰어 통깨를 뿌려요(단무지는 도시락의 빈 공간에나 색감을 내고 싶을 때 담으면 좋아요).

양상추 샐러드(1인분)
재료: 양상추 30g, 시판 드레싱 1작은술

양상추는 손으로 먹기 좋은 크기로 찢어서 물에 담갔다가 물기를 빼요(드레싱은 별도의 용기에 담거나 살짝 뿌리세요).

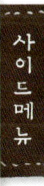

사이드 메뉴

부드러운 대구살을 넣었어요

대구크로켓 도시락

크로켓도 어떤 모양으로 만드느냐에 따라 분위기가 달라요.

대구크로켓은 타원형으로 만들어 슬림한 도시락에 넣어보았답니다.

즐겨 사용하는 도시락에 담았을 때 어울릴 모양을

미리 생각해서 크로켓의 모양을 만들어보세요.

넉넉하게 만들어
냉동해두었다가
1회분씩 꺼내 도시락
반찬으로 이용하세요.

대구크로켓 (2회분)

재료 대구 160g, 감자(작은 것) 2개(200g), 맛술 1큰술, 소금 조금, 후춧가루 조금, 치즈가루 2큰술, 우유 1큰술, 밀가루 1/2큰술, 달걀 1개, 빵가루 4~5큰술, 튀김기름 적당량

미리 만들어 두기

1 대구는 소금과 후춧가루로 간하고 맛술 1큰술을 뿌려 10분 정도 재운 후 그릴에 구워요. 구운 대구의 가시를 발라내고 살을 준비해요.

반죽을 똑같은 양으로 나눠 모양을 잡아 빚으면 완성되었을 때 먹기도 편하고 보기에도 좋아요.

2 감자는 껍질째 랩으로 감싼 다음 전자레인지에서 4~5분간 가열해 껍질을 벗겨요. 소금과 후춧가루로 가볍게 간한 뒤 대구살, 치즈가루, 우유를 넣고 고루 섞어요.

이 상태에서 랩으로 싸서 냉동 보관했다가 필요할 때 꺼내서 튀겨드세요.

아침에 준비하기

3 2의 반죽을 타원형으로 빚은 다음 밀가루, 달걀, 빵가루 순으로 튀김옷을 입혀요.

4 대구크로켓을 170~180℃의 튀김기름에서 노릇하게 튀겨요.

베이브리브 샐러드(1인분)
재료: 베이비리브 30g, 시판 드레싱 1작은술

베이비리브를 손질해서 드레싱을 끼얹어요.

오이피클&단무지(1인분)
재료: 오이피클 30g, 단무지 30g

오이피클과 단무지를 곱게 썰어 도시락에 담아요.

간단 햄버그스테이크 도시락

햄버그스테이크는 누구나 좋아하는 인기 있는 도시락 메뉴예요.
소스만 바꾸면 얼마든지 색다른 분위기로 도시락을 만들 수 있어요.
소스가 가득 배인 햄버그스테이그를 밥 위에 올린 다음 가장자리에는 색감을 살 수
있는 사이드 메뉴를 담아 햄버그스테이크가 돋보이게 꾸며보세요.

간단 햄버그 스테이크(2회분)

주재료 돼지고기 간 것 54g, 쇠고기 간 것 126g, 다진 양파 80g, 식용유 적당량, 달걀물 1큰술, 버터 1큰술, 빵가루 10g, 우유 1큰술+1작은술

케첩소스(1회분) 케첩 1+1/2큰술, 오이스터소스 1/2큰술, 물 1큰술, 맛술 1큰술, 후춧가루 조금

쿠킹포인트

냉동 햄버그스테이크는 전날 저녁에 냉동실에서 꺼내 해동하거나 아침에 전자레인지에 돌려 해동하세요. 따뜻한 밥을 도시락에 담고 햄버그스테이크가 따뜻할 때 밥 위에 올려요. 밥에 소스가 살짝 배어 맛이 좋답니다. 도시락에 밥을 꽉 채우지 말고, 가장자리를 조금 비운 후 꼬투리강낭콩과 방울토마토를 담아요.

넉넉하게 만들어 냉동해두었다가 1회분씩 꺼내 도시락 반찬으로 이용하세요.

미리 만들어 두기

우유에 빵가루를 넣고 고루 저으세요.

1 팬에 식용유를 두르고 다진 양파를 넣어 볶아요.

2 볼에 돼지고기와 쇠고기를 넣고 소금, 후춧가루로 간하고 양파, 우유 빵가루, 버터, 달걀물을 넣고 고루 버무려요.

도시락에 들어갈 크기를 감안해서 만들면 좋아요. 몇 개는 작게, 몇 개는 조금 크게 만들어도 재미있어요.

아침에 준비하기

3 2의 반죽을 동글게 모양내서 빚어요(이 상태에서 하나씩 랩으로 싸서 냉동 보관하세요).

4 팬에 식용유를 두르고 해동한 햄버그스테이크를 익혀서 그릇에 담아요. 팬에 케첩소스 재료를 넣고 중간 불에서 끓이다가 햄버그스테이크를 넣고 약한 불로 줄여 3분 정도 조려요.

데친 꼬투리강낭콩(1인분)
재료: 꼬투리강낭콩 30g, 소금 조금

꼬투리강낭콩을 반으로 썰어서 끓는 물에 2분 정도 데쳐 소금으로 가볍게 간해요.

방울토마토 & 단무지(1인분)
재료: 방울토마토 3개, 단무지 3조각

방울토마토와 단무지를 장식하듯 담아요.

사이드메뉴

데리야키 햄버그스테이크 도시락

달짝지근한 데리야키소스가 햄버그스테이크에 주르르 흘러내려
식욕을 돋워요. 약간 납작하고 동그랗게 만들어 도시락에 세워서 담고,
브로콜리와 파프리카 매리네이드를 담아 햄버그스테이크가
움직이지 않게 고정시키세요.

데리야키 햄버그 스테이크(1인분)

주재료 돼지고기 간 것 54g, 쇠고기 간 것 126g, 다진 양파 80g, 식용유 적당량, 달걀물 1큰술, 버터 1큰술, 빵가루 10g, 우유 1큰술+1작은술

데리야키소스(1회분) 간장 1큰술, 맛술 1큰술, 미림 1큰술, 다시마 국물(또는 물) 1큰술, 설탕 2작은술, 녹말가루 1작은술

미리 만들어 두기

우유에 빵가루를 넣고 고루 저으세요.

1 팬에 식용유를 두르고 다진 양파를 넣어 볶아요.

2 볼에 돼지고기와 쇠고기를 넣고 소금, 후춧가루로 간하고 양파, 우유 빵가루, 버터, 달걀물을 넣고 고루 버무려요.

도시락에 들어갈 크기를 감안해서 만들면 좋아요. 몇 개는 작게, 몇 개는 조금 크게 만들어도 재미있어요.

아침에 준비하기

3 2의 반죽을 동글게 모양내서 빚어요.

4 팬에 식용유를 두르고 해동한 햄버거 패티를 넣어 익혀서 그릇에 담아요.

5 데리야키소스 재료를 넣고 중간 불에서 끓이다가 햄버거 패티를 넣고 약한 불로 줄여 3분 정도 조려요.

데친 브로콜리(1인분)
재료: 브로콜리 30g, 드레싱 조금

브로콜리는 끓는 물에 소금을 조금 넣고 데쳐 찬물에 헹궈 물기를 빼요.

파프리카 매리네이드
만드는 법은 33쪽을 참고하세요.

꼬마돈가스 도시락

도시락용 돈가스는 먹기 좋게 사이즈가 얇아야 제격이에요.
얇은 고기를 돌돌 말아서 한입 크기로 만드는 게 좋아요.
볼륨감을 조금 더 살리고 싶으면 고기 사이에 채소나
치즈를 넣어도 맛이 좋답니다.
꼬마돈가스이니 꼬마들도 좋아하겠지요!

메인 메뉴

꼬마돈가스
(4인분)

주재료 돼지고기(샤브샤브용) 400g, 달걀 1개, 물 1큰술, 밀가루 2큰술, 빵가루 1/2컵, 소금 조금, 후춧가루 조금, 식용유 적당량

돈가스소스 케첩 1큰술, 돈가스 소스 1큰술, 통깨 1작은술, 머스터드 1/4작은술

미리 만들어 두기

1 돼지고기를 얇게 펴서 소금과 후춧가루로 간해요.

2 돼지고기를 돌돌 말아 밀가루를 살짝 뿌려요.

3 볼에 달걀, 물, 밀가루를 모두 넣어 고루 섞어요.

4 돼지고기를 3에 담갔다가 빵가루를 고루 묻혀요.

5 랩에 하나씩 싸서 냉동 보관해요.

6 팬에 식용유를 넉넉히 두르고 냉동 돈가스를 넣어 5분 정도 튀기듯이 익혀요.

사이드메뉴

양배추 샐러드(1인분)
재료: 양배추 50g, 시판 드레싱 1/2큰술

양배추는 채칼로 곱게 썰어 도시락에 담아요.

참치 채소볶음
만드는 법은 24쪽을 참고하세요.

※ 드레싱과 돈가스소스는 별도의 용기에 담으세요. 참치채소볶음 옆에 약간 매콤한 반찬을 담아도 돈가스와 잘 어우러진답니다.

치라시즈시 도시락

달짝지근하게 조린 유부조림은 치라시즈시는 물론
다른 채소를 곁들여 김밥에 싸서 먹거나, 달걀말이에 넣어도 맛이 좋답니다.
도시락에 치라시스시를 먼저 담고 예쁘게 달걀지단으로
덮으면 간단하면서도 멋스러운 도시락을 연출할 수 있어요.

유부조림 (10회분)

주재료 유부 3장, 당근 80g, 표고버섯 3개, 가츠오부시(가다랑어포) 3g

양념 설탕 2+1/2큰술, 간장 2+1/2큰술, 미림 2+1/2큰술, 물 1컵

1 유부와 당근은 0.3cm 두께로 얇게 썰고, 표고버섯도 얇게 썰어요.

2 유부는 끓는 물을 부어 기름기를 제거해요.

끓이는 중간 중간 유부조림을 뒤집어주세요.

3 냄비에 양념 재료를 모두 넣어 끓이다가 유부, 당근, 표고버섯, 가츠오부시를 넣고 중간 불에서 국물이 없어질 때까지 8분 정도 끓인 후 불을 끄고 그대로 식혀요.

4 랩을 깔고 식은 유부조림을 한 번 먹을 분량씩 싸서 냉동 보관해요.

치라시즈시
도시락 만들기(1인분)

주재료 냉동 유부조림, 밥 1공기,
완두콩(통조림) 1/2큰술, 달걀 1개
(설탕 1/4작은술, 소금 조금)
양념 식초 1/2큰술, 설탕 1/2큰술,
소금 조금

1 냉동 유부조림을 전자레인지에
30초 정도 돌려 해동해요. 스시 양
념 재료를 한데 넣어 따뜻한 밥에 넣고
고루 섞어요.

2 달걀을 풀고 설탕과 소금을 넣어
고루 섞은 다음 달걀지단을 만들
어요.

3 도시락에 유부조림과 양념한 밥
을 담고 달걀을 얹은 후 완두콩
을 자연스럽게 올려요.

손쉽게 만드는

참치동그랑땡 도시락

참치 통조림을 이용해 만든 동그랑땡은
도시락 반찬으로 안성맞춤이에요.
살짝 구운 동그랑땡은 랩으로 싸서 냉동 보관했다가 팬에 넣어
약한 불에서 익히면 금세 만든 것처럼 맛있답니다.
완전히 식은 다음 도시락에 담아주세요.

메인 메뉴

참치동그랑땡
(2회분)

재료 참치(통조림) 160g, 양파 30g, 달걀 1개, 빵가루 3큰술, 소금 조금, 후춧가루 조금, 식용유 적당량

1 참치는 기름기를 빼고 양파는 잘게 썰어요.

물기가 많을 때는 빵가루를 넣으면서 조절하세요.

2 볼에 재료를 모두 넣고 고루 섞어요.

3 팬에 식용유를 두르고 한 숟가락씩 떠 넣고 중간 불에서 노릇하게 지져요.

넉넉하게 만들어 구워서 랩에 싸서 냉동 보관하세요. 살짝만 구웠다가 필요할 때 꺼내 노릇노릇하게 구워요.

양송이버섯구이(1인분)
재료: 양송이버섯 30g, 다진 마늘 1작은술, 올리브유 2작은술, 소금 조금, 후춧가루 조금

1. 양송이버섯은 손질해서 얇게 썰어요.
2. 팬에 올리브유를 두르고 다진 마늘을 넣고 약한 불에서 볶다가 마늘향이 나면 양송이버섯을 넣어 굽다가 소금과 후춧가루로 간해요.

오이쌈장(1인분)
재료: 오이 50g, 쌈장 1큰술

오이를 먹기 좋은 크기로 썰어 쌈장과 함께 담아요.

사이드 메뉴

두부의 영양이 그대로

두부동그랑땡 도시락

두부의 물기를 제거하고 냉장고에 남아 있는 채소를 넣으면 후다닥
만들 수 있어요. 반죽을 타지 않게 지지는 게 포인트랍니다.
그래야 냉동실에서 꺼내 조리할 때 색이 예쁘게 나와요.
도시락을 쌀 때는 간장도 함께 챙기세요.

두부동그랑땡 (2회분)

재료 두부 380g, 양파 50g, 당근 50g, 맛살 50g, 달걀 1개, 빵가루 2큰술, 소금 1/4작은술, 후춧가루 1/4작은술, 식용유 적당량

미리 만들어 두기

1 두부는 키친타월로 눌러 물기를 제거해서 전자레인지에서 1~2분간 돌려요. 양파, 당근, 맛살은 잘게 썰어요.

2 볼에 두부를 으깨어 넣고, 달걀을 풀어 넣고 양파, 당근, 맛살, 빵가루, 소금, 후춧가루를 넣어 고루 섞어 한입 크기로 동그랑땡을 빚어요.

아침에 준비하기

3 팬에 식용유를 두르고 동그랑땡을 넣어 중간 또는 약한 불에서 지져요.

4 동그랑땡이 서로 달라붙지 않도록 랩으로 나란히 싸서 냉동 보관해요.

5 팬에 식용유를 두르고 냉동실에서 꺼낸 동그랑땡을 넣고 약한 불에서 지져요.

시금치무침(1인분)
재료: 시금치 50g, 참기름 1작은술, 통깨 1작은술, 소금 조금

시금치는 끓는 물에 소금을 조금 넣어 데치고 물기를 완전히 뺀 다음 적당한 크기로 썰어서 참기름, 통깨, 소금을 넣어 무쳐요.

파프리카볶음(1인분)
재료: 파프리카 30g, 소금 조금, 후춧가루 조금, 식용유 적당량

파프리카는 먹기 좋은 크기로 썰어서 팬에 식용유를 두르고 살짝 볶은 후 소금과 후춧가루로 간해요.

사이드메뉴

햄과 소시지 반찬은 아이들에게도 늘 인기가 좋은 메뉴지요.
특히 항상 도시락을 준비하는 집이라면 냉장고에 꼭 빠지지 않고 준비돼 있는
친근한 식재료이기도 하고요. 옛 추억을 불러일으키는 소시지동그랑땡부터
케첩소스나 채소를 더해 볼륨감을 살린 메뉴까지 다양하고 맛있는
햄·소시지 반찬을 만나보세요.

Part 4

쉽고 간편하게 후다닥 완성하는

햄·소시지 도시락

하나만 먹어도 든든해요
스팸주먹밥 도시락

약한 불에서 노릇노릇하게 구운 스팸에 부드러운 달걀지단을 올려 만든
스팸주먹밥이랍니다. 큼직하게 만든 주먹밥을 랩으로 싼 다음
도시락에 담으면 손으로 들고 먹을 수 있어 색다른 분위기를 낼 수도 있어요.

메인 메뉴

스팸 주먹밥(1인분)

재료 스팸(1cm 두께) 2조각, 달걀 2개, 밥 1공기, 소금 조금, 통깨 조금, 김(1.5cm 길이) 2장, 고추장 1작은술

1 달걀은 잘 풀어 소금으로 간하고 팬에 식용유를 두르고 약한 불에서 달걀지단을 만들어요.

2 팬에 1cm 두께로 썬 스팸을 넣고 약한 불에서 노릇하게 구워요.

스팸통에서 뺀 밥을 손으로 살짝 눌러가며 모양을 잡아 완성하세요.

3 밥에 소금과 통깨를 뿌려 고루 섞은 다음 스팸통에 밥을 넣고 모양을 잡은 후 빼내요.

스팸 주먹밥을 랩으로 싸면 완성이랍니다.

4 사각 모양의 밥 위에 달걀, 스팸을 올리고 김으로 가운데를 둘러요.

양배추 & 옥수수 샐러드(1인분)

재료 : 양배추 30g, 옥수수(통조림) 1큰술, 식초 1/4작은술, 마요네즈 1작은술, 소금 조금, 후춧가루 조금

1. 양배추는 손으로 잘게 찢어요.
2. 볼에 식초, 마요네즈, 소금, 후춧가루를 넣어 고루 섞은 다음 양배추와 옥수수을 넣고 버무려요.

사이드 메뉴

바쁜 아침 후다닥 만드는
스팸양념구이 도시락

살짝 구운 스팸에 달짝지근한 간장양념을 더해 맛있게 만든 스팸양념구이랍니다.
윤기가 자르르 흐르는 게 점심시간까지 기다리려면 약간의 인내심이 필요해요.
단호박 샐러드는 랩으로 싸서 둥글게 만들어 가운데 담으면 예쁘답니다.

스팸양념구이
(1인분)

주재료 80g
양념 간장 1큰술, 설탕 1작은술,
맛술 1큰술

1 스팸은 먹기 좋은 크기로 썰어서 팬에 넣고 약한 불에서 앞뒤로 노릇하게 구워요.

2 스팸이 노릇하게 구워지면 양념을 넣고 2분 정도 조려요.

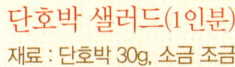

단호박 샐러드(1인분)
재료 : 단호박 30g, 소금 조금

꽈리고추 멸치볶음
만드는 법은 29쪽을 참고하세요.

1. 단호박을 전자레인지에서 가열해 껍질을 벗기고 으깬 뒤 소금으로 간해요.
2. 용기에 랩을 깔고 단호박을 올린 뒤 랩으로 싸서 동그랗게 모양을 잡아요.

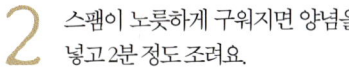

사이드메뉴

새로운 맛의 소시지

소시지 시금치볶음 도시락

마늘향이 감도는 얇게 썬 소시지와 시금치가 깔끔하면서도
조화를 이루는 메뉴랍니다. 노릇하게 구운 달걀프라이를 밥 위에
올려 전체적인 볼륨감을 살렸어요. 상큼한 피클도 잊지 말고 챙기세요.

소시지 시금치 볶음(1인분)

재료 프랭크소시지 80g, 시금치 50g, 마늘 1쪽, 올리브유 1/3 큰술, 소금 조금, 후춧가루 조금

1 시금치는 5cm 길이로 썰고, 프랭크소시지는 0.5cm 길이로 어슷 썰어요.

2 팬에 올리브유를 두르고 마늘을 얇게 썰어 넣어 약한 불에서 볶다가 마늘향이 나기 시작하면 프랭크소시지를 넣어 볶아요.

시금치의 숨이 반쯤 죽으면 불을 끄고 그대로 식혀주세요.

3 프랭크소시지가 익으면 시금치를 넣고 2분 정도 볶다가 소금과 후춧가루로 간해요.

달걀프라이(1인분)
재료: 달걀 1개, 소금 조금

팬에 식용유를 두르고 중간 불에서 달걀을 넣어 앞뒤로 바삭하게 익혀요(달걀노른자는 터뜨리지 말고 조심해서 뒤집어요. 겉은 바삭하게 익히고 노른자는 반숙으로 익히는 게 좋아요).

채소피클
만드는 법은 33쪽을 참고하세요.

사이드메뉴

추억 속의 그 맛을 찾아서

소시지동그랑땡 도시락

어릴 적 그리움이 가득 묻어나는 소시지동그랑땡.
생각만 해도 군침이 돌지 않나요? 가끔은 이런 추억의 반찬이 생각나고 그 어떤
고급 음식보다 당길 때가 있어요. 잔잔한 옛 추억과 함께
즐거운 도시락 타임을 즐겨보세요.

소시지 동그랑땡(1인분)

재료 옛날소시지 1개, 달걀 1개,
밀가루 1작은술, 식용유 적당량

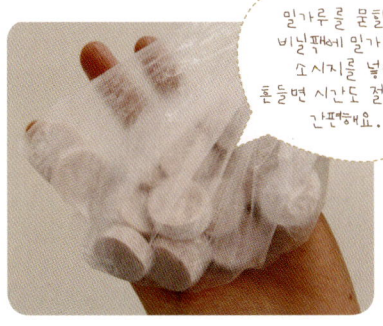

밀가루를 묻힐 때 비닐팩에 밀가루와 소시지를 넣어 흔들면 시간도 절약되고 간편해요.

1 소시지를 0.5cm 두께로 썰어 밀가루를 묻혀요.

2 밀가루를 입힌 소시지에 달걀물을 입혀요.

중간 또는 약한 불에서 지져야 맛이 좋아요. 불이 너무 약하면 달걀이 부풀지 않아요.

3 달군 팬에 식용유를 두르고 소시지 동그랑땡을 넣어 노릇하게 지져요.

달걀구이(1인분)
재료 : 달걀 1개(소시지동그랑땡을 만들고 남은 달걀), 소금 조금, 식용유 적당량

팬에 식용유를 두르고 달걀물을 부은 다음 약한 불에서 젓가락으로 재빠르게 저어가며 익혀요.

피망볶음(1인분)
재료 : 피망 50g, 카레가루 1/2작은술, 식용유 적당량

팬에 식용유를 두르고 피망을 볶다가 카레가루를 넣고 볶아요.

사이드 메뉴

소시지 채소볶음 도시락

소시지 채소볶음은 술안주로도 좋지만, 도시락 반찬으로도
손색이 없는 메뉴예요. 냉장고에 있는 다른 채소를 넣어도 좋아요.
명란젓 달걀말이는 사각 팬을 사용해서 도톰하고 예쁘게 만들었어요.
달걀말이가 모양이 예쁘지 않을 때는 김발로 한 번 말아주세요.

소시지 채소볶음(1인분)

주재료 비엔나소시지 70g, 양파 50g

양념 케첩 1/2큰술, 고추장 1/2큰술, 설탕 1작은술, 맛술 2작은술, 후춧가루 조금

양파는 살짝 볶아야 숨이 죽지 않고 아삭해요.

1 비엔나소시지는 사선으로 칼집을 촘촘하게 넣고, 양파는 한입 크기로 썰어요.

2 팬에 비엔나소시지 넣어 볶다가 양파를 넣어 볶아요.

3 팬에 양념 재료를 넣어 고루 섞고 비엔나소시지와 양파에 양념이 배도록 재빨리 볶아요.

명란젓 달걀말이(1인분)

재료 : 달걀 1개, 명란젓 30g, 소금 조금

풀어놓은 달걀에 명란젓 알갱이를 넣어 잘 저은 다음, 소금으로 가볍게 간을 해 달걀말이를 만들어요(명란젓은 기호에 맞게 양을 조절하세요. 사각 팬을 이용해 달걀물의 양을 반으로 나누어 두 번 말아내면 도톰하고 예쁜 달걀말이를 만들 수 있어요).

채소피클

만드는 법은 33쪽을 참고하세요.

프랭크소시지소스볶음 도시락

쫄깃한 프랭크소시지와 볶은 양파에 케첩소스를
넣어 맛있게 만들었답니다. 밥 위에 프랭크소시지를 나란히 올려놓으면
소스가 밥으로 흘러내려 비벼 먹어도 맛있어요.
이렇게 맛있는 점심 도시락을 어찌 외면할 수 있겠어요?

프랭크소시지 소스볶음(1인분)

주재료 프랭크소시지(길쭉한 것) 4개, 양파 30g, 올리브유 1큰술, 다진 마늘 1작은술, 다진 파슬리 조금, 카레가루 1/8작은술

소스 케첩 3큰술, 콘소메 1/2작은술, 후춧가루 조금, 물 1/2컵 1/4작은술

1 양파는 잘게 썰고 프랭크소시지에 사선으로 칼집을 넣어요.

2 소스 재료를 모두 넣고 고루 섞어요.

3 팬에 올리브유를 두르고 마늘, 양파를 넣어 볶다가 프랭크소시지를 넣고 볶아요.

4 소스를 부어 3분 정도 조린 다음 불을 끄고, 카레가루와 다진 파슬리를 뿌려요.

피클&단무지(1인분)

재료 : 피클 30g, 단무지 30g

1. 오이피클을 별도의 병에 담아요.
2. 단무지도 별도의 병에 담아요.

사이드 메뉴

햄과 치즈의 감미로운 조화

햄말이 도시락

햄과 치즈를 돌돌 말아서 돈가스처럼 만든 햄말이랍니다.
귀여운 모양과 맛으로 어린아이들에게도 인기가 좋은 메뉴예요.
햄말이를 만들고 남은 달걀은 팬에 식용유를 두르고 약한 불에서
재빨리 젓가락으로 저어가며 익혀서 밥 위에 쪼로록 올려주세요.

햄말이
(1인분)

재료 햄 3장, 치즈 3장, 빵가루 3큰술, 달걀 1개, 밀가루 1작은술, 튀김기름 적당량

1 햄과 치즈를 반으로 자른 다음 햄 위에 치즈를 올리고 돌돌 말아 이쑤시개로 고정시켜요.

2 밀가루, 달걀물, 빵가루 순으로 튀김옷을 입혀요.

3 햄말이를 170℃의 튀김기름에서 노릇하게 튀겨요.

달걀은 밥 위에 살짝 올려주세요.

4 팬에 식용유를 두르고 남은 달걀물을 부어 약한 불에서 재빨리 저어가며 익혀요.

브로콜리&콜리플라워 샐러드(1인분)

재료 : 브로콜리 30g, 콜리플라워 20g, 시판 드레싱 1작은술

브로콜리와 콜리플라워를 끓는 물에 데쳐 드레싱을 뿌려요.

사이드메뉴

아스파라거스와 찰떡궁합

베이컨말이 도시락

아스파라거스를 살짝 데쳐 베이컨으로 돌돌 말아
약한 불에서 구웠어요. 아삭거리는 아스파라거스와 베이컨의 맛이
조화를 이룬답니다. 아스파라거스 대신 다른 채소를 넣어 만들어도 좋아요.
베이컨은 기름기를 살짝 제거하고 도시락에 담아주세요.

메인 메뉴

베이컨말이
(1인분)

재료 베이컨 8장, 아스파라거스 4대, 후춧가루 조금

베이컨말이는 팬의 가장자리에서 매듭 부분을 바닥으로 놓고 구우면 베이컨이 잘 풀리지 않아요. 베이컨말이에 후춧가루를 살짝 뿌리면 더욱 맛있어요.

1 아스파라거스는 데쳐서 베이컨으로 돌돌 말아요.

2 팬을 약한 불에 올려 베이컨말이를 넣어 노릇하게 구워요.

사이드 메뉴

버섯볶음(1인분)
재료 : 버섯 50g, 베이컨 5g, 간장 1/2작은술, 고추장 1/4작은술, 설탕 1/3작은술, 식용유 적당량

버섯은 잘게 찢고, 베이컨은 잘게 썰어 팬에 식용유를 두르고 베이컨과 버섯을 넣어 볶다가 설탕, 고추장, 간장을 넣고 볶아요.

옥수수버터(1인분)
재료 : 옥수수 통조림 1큰술, 버터 1/4작은술

팬에 버터를 녹이고 옥수수 통조림을 넣어 볶아요.

'도대체 뭘 싸가지?' 하는 고민은 이제 그만! 반찬 걱정 없이
하나의 메뉴로 끝내는 한 그릇 도시락은 만드는 사람도,
먹는 사람에게도 매력적이랍니다. 보기만 해도 식욕을 돋게 하는 덮밥,
냉장고의 있는 재료로 후다닥 만드는 감칠맛 나는 볶음밥,
채소를 가득 넣은 언제나 우리 곁을 지키는 김밥,
정성까지 함께한 주먹밥으로 그날의 분위기에 따라 푸짐하면서도
영양까지 챙긴 한 그릇 도시락을 만들어보세요.

Part 5

한 가지 메뉴로도 폼 나는
한 그릇 도시락

정성을 가득 담은
불고기덮밥 도시락

불고기는 양념이 잘 배어야 맛이 좋은데, 전날 저녁에 양념에
미리 버무려 준비하는 것이 좋아요. 물론 미리 불고기를
넉넉하게 만들어 도시락용으로 1인분씩 랩으로 싸서 냉동
보관하면 간편하게 즐길 수 있어요. 불고기는 채소를 곁들여야
영양은 물론 먹음직스러운 일품 도시락이 완성되어요.

불고기
(1인분)

주재료 쇠고기(불고기용) 80g,
당근 30g, 대파 30g, 양파 30g,
버섯 30g

양념 간장 2+1/2큰술, 설탕 2큰
술, 다진 양파 1큰술, 배즙 2큰
술, 참기름 1작은술, 다진 마늘
1작은술, 소금 조금, 후춧가루
조금, 통깨 1작은술

전날 쇠고기를
양념에 버무려
재우는 게 좋아요.

1 볼에 **양념 재료**를 모두 넣어 고루 섞
고 당근, 대파, 양파, 버섯은 먹기 좋
은 크기로 썰어요.

2 볼에 쇠고기, 채소를 넣고 양념장을
넣어 고루 버무린 다음 냉장 보관
해요.

이렇게 담았어요

1

도시락통에 밥을 담고 이쑤시개로
미리 구획을 나누어요.

2

밥 위 가장 큰 면적에
불고기를 얹어요.

3

남은 밥 위의 중간 부분에
파프리카를 얹어요.

4

나머지 부분에 숙주와
시금치나물을 얹어요.

3 팬에 양념한 쇠고기를 넣고 볶아요.

3색 채소볶음(1인분)

재료 : 파프리카 30g, 숙주 30g, 소금 조금, 후춧가루 조금, 시금치나물 30g,
식용유 적당량

1. 팬에 식용유를 두르고 채 썬 파프리카와 숙주를 반씩 넣고 볶다가
소금과 후춧가루로 간해요.
2. 시금치는 끓는 물에 데쳐 찬물에 헹궈 물기를 꼭 짜서 소금, 통깨, 참
기름을 넣어 무쳐요(시금치는 1단을 한꺼번에 데쳐서 1인분씩 포장해 냉장
보관하면 편리합니다).

사
이
드
메
뉴

먹을수록 빠져드는 맛

쇠고기덮밥 도시락

도시락으로 먹는 쇠고기덮밥은 국물 없이 바특하게 볶는 것이 맛을 살리는 포인트랍니다.
식어도 맛이 좋은 특별식 도시락으로 손색없는 메뉴예요. 베니쇼가를 올리면 도시락을 함께
먹는 친구나 동료들도 군침을 삼키겠죠. 하나 더, 김치를 곁들이면 더욱 좋아요.

메인 메뉴

쇠고기덮밥
(1인분)

주재료 쇠고기(불고기용) 100g, 양파 50g, 식용유 적당량, 밥 1 공기, 베니쇼가 조금

양념 설탕 2작은술, 맛술 1큰술, 간장 1큰술

미리 양념 재료를 한데 넣어 고루 섞어주세요.

1 팬에 식용유를 두르고 쇠고기를 넣어 볶아요.

2 쇠고기가 갈색을 띠며 익기 시작하면 양파를 넣고 볶아요.

3 팬에 양념장을 넣어 물기가 없어질 때까지 3~4분간 볶아요.

베니쇼가는 붉은색이 도는 생강절임을 말해요.

4 도시락에 밥을 담고 쇠고기볶음을 올려요.

촉촉한 가지를 듬뿍 올린
가지볶음덮밥 도시락

가지를 약한 불에 말랑말랑해질 때까지 볶는 게 맛있게 만드는 포인트랍니다.
가지와 돼지고기와 두반장을 넣은 소스가 어우러져 더욱 식욕을 자극해요.
디저트로 상큼하고 건강을 챙기는 과일을 준비해도 좋겠지요.

가지볶음 덮밥 (1인분)

주재료 가지 2개, 돼지고기(간
것) 100g, 참기름 1큰술, 소금
조금, 후춧가루 조금, 밥 1공기
양념 두반장 1/2작은술, 일본된
장(미소) 2작은술, 설탕 1작은
술, 맛술 2큰술

가지는 물기가
촉촉해질 때까지 볶아주
세요. 돼지고기가
뭉치지 않게 젓가락으로
휘저으며 볶으세요.

1 가지는 1.5cm의 주사위 모양으로 썰
고, 양념 재료를 모두 섞어요.

2 팬에 참기름을 두르고 가지를 넣어
약한 불에서 3~5분간 볶다가 돼지
고기를 넣어 볶아요.

3 팬에 양념장을 넣어 물기가 없어질
때까지 바특하게 볶아요.

4 도시락에 밥을 담고 가지볶음을 올
려요.

오이절임 (1인분)

재료 : 오이 50g, 소금 1작은술

오이는 손질해 한입 크기로 썰어 소금을 넣어 버무려 10분 정도 두었다
가 물기를 빼요.

 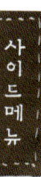

달걀케첩덮밥 도시락

특별한 준비 없이 아침시간에 10분 만에 후다닥 만들 수 있는 메뉴랍니다.
간단한 도시락을 원할 때에도, 어린이들에게도 인기가 좋아요.
냉장고에 남은 채소를 넣어 만들어도 맛이 좋답니다.

달걀케첩
덮밥(1인분)

주재료 달걀 1개, 소금 조금, 맛
살 50g, 완두콩(통조림) 15g, 대
파 10g, 식용유 적당량, 밥 1공
기

케첩소스 물 2큰술, 설탕 1작은
술, 간장 1/8작은술, 케첩 1큰술,
녹말가루 1/4작은술

> 케첩소스
> 재료를 모두 넣어
> 고루 섞어주세요.

1 맛살은 2cm 길이로 썰고, 대파는 잘
게 썰어요.

2 볼에 달걀을 풀어서 모든 재료를
넣고 섞어요.

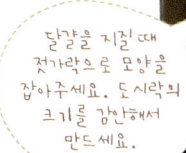

> 달걀을 지질 때
> 젓가락으로 모양을
> 잡아주세요. 도시락의
> 크기를 감안해서
> 만드세요.

> 케첩소스는 끓이기
> 전에 한 번
> 저어주세요.

3 팬에 식용유를 두르고 달걀물을 부
어 중간 불에서 지지고 반으로 접어
모양을 만들어요.

4 팬에 케첩소스를 넣고 중간 불에서
보글보글 거품이 올라올 때까지 끓
여요.

간단한 재료로 후다닥 만드는
카레볶음밥 도시락

채소를 골고루 넣어 만든 카레볶음밥으로 간단한 도시락을 준비해보세요.
다른 반찬이 필요 없이 카레볶음밥만으로도 든든하고 맛있는
점심을 해결할 수 있으니까요. 매일매일 도시락을 준비하는 게
번거로울 때 안성맞춤인 메뉴랍니다.

카레볶음밥
(1인분)

주재료 피망 30g, 당근 30g, 양파 30g, 밥 1공기, 식용유 적당량
케첩소스 케첩 1작은술, 카레가루 2작은술, 오이스터소스 1/4작은술, 콘소메 1/4작은술, 소금 조금, 후춧가루 조금

1 피망, 당근, 양파는 1cm의 주사위 모양으로 썰어요.

2 팬에 식용유를 두르고 양파, 당근, 피망을 순서대로 넣어 볶아요.

3 밥을 넣어 볶다가 케첩소스 재료를 모두 넣고 간이 배도록 볶아요.

단무지(1인분)
재료 : 시판 단무지 2조각

카레볶음밥과 함께 단무지를 곁들여 담아보세요.

사이드메뉴

좋아하는 채소를 듬뿍 넣었어요
채소볶음밥 도시락

냉장고에 있는 채소를 활용한 채소볶음밥! 어떤 채소를 넣을까
고민하지 않아도 되고 좋아하는 채소를 넣어도 된답니다. 약간 고슬고슬한
느낌으로 만들고 싶을 때는 마지막에 약한 불에서 5분 정도 그대로 두세요.

메인 메뉴
채소볶음밥
(1인분)

재료 양파 30g, 맛살 30g, 당근 30g, 옥수수(통조림) 10g, 다진 파슬리 1/4작은술, 소금 조금, 후춧가루 조금, 밥 1공기, 식용유 적당량

1 양파, 당근, 맛살은 잘게 썰어요.

2 팬에 식용유를 두르고 양파, 당근, 맛살, 옥수수을 넣어 볶다가 소금으로 살짝 간해서 3분 정도 볶아요.

3 밥을 넣고 후춧가루를 뿌리고 나머지 간을 맞춰서 고슬고슬하게 볶아요.

방울토마토 베이컨말이(1인분)
재료 : 베이컨 4줄, 방울토마토 4개

1. 베이컨으로 방울토마토를 돌돌 말아 장식용 이쑤시개로 꿰어요.
2. 팬에 1을 넣고 약한 불에서 은근하게 익혀요.

사이드 메뉴

부드러운 노란빛이 돋보이는
달걀볶음밥 도시락

볶음밥은 만들기도 간단하지만 식어도 한결같은 맛을 내는 기특한
도시락 메뉴랍니다. 노릇하게 구운 비엔나소시지를 곁들이면 점심시간이 더욱 즐거워져요.
아이들에게도 인기 만점 도시락이랍니다.

메인 메뉴

달걀볶음밥
(1인분)

재료 달걀 1개, 양파 30g, 쪽파 15g, 소금 조금, 후춧가루 조금, 식용유 적당량, 밥 1공기, 비엔나소시지 3개

1 양파와 쪽파는 잘게 썰고 달걀은 미리 풀어두어요.

2 팬에 식용유를 두르고 양파를 넣어 볶다가 소금으로 간해요.

> 달걀을 넣고 나서는 빠르게 볶아야 해요.

3 팬에 밥과 쪽파를 넣어 뭉치지 않게 볶아요.

4 팬에 식용유를 두르고 달걀물을 부어 저어가며 빠르게 볶다가 소금과 후춧가루로 간해요.

> 비엔나소시지는 1/2 지점까지 열십자로 칼집을 넣으면 문어 모양을 만들 수 있어요. 달걀볶음밥 위에 올리는 비엔나소시지는 얇게 썰어주세요.

5 비엔나소시지에 열십자로 칼집을 넣어 모양을 내서 약한 불에서 익혀요.

예쁘고 맛있는 달걀프라이를 올렸어요

김치볶음밥 도시락

언제나 냉장고를 지키고 있는 신 배추김치와 밥만 볶아도 질리지 않는 베스트 메뉴가 되어요.
밥을 볶아서 약한 불에서 5~10분 정도 그대로 두면 살짝 바삭거리는 김치볶음밥이
완성된답니다. 달걀프라이는 팬의 뚜껑을 덮고 1분 정도 익히면
반투명한 모양을 낼 수 있어요.

김치볶음밥
(1인분)

재료 신 배추김치 130g, 밥 1공기, 소금 조금, 후춧가루 조금, 달걀 1개, 오이 50g, 구운 김 조금, 식용유 적당량

김치의 국물을 반 정도 짜면 더욱 말끔한 맛을 낼 수 있어요.

1 김치는 소를 털어내고 잘게 썰어요.

2 팬에 식용유를 두르고 중간 불에서 김치를 볶다가 약한 불로 줄여 5분 정도 볶아요.

살짝 바삭거리는 식감을 내고 싶으면 약한 불에서 밥을 넓게 펴서 그대로 두세요.

중간 또는 약한 불에서 익혀야 모양이 예뻐요.

3 밥을 넣고 중간 불에서 3분 정도 볶다가 약한 불로 줄여 5~10분간 그대로 두었다가 소금과 후춧가루를 뿌려요.

4 팬에 식용유를 두르고 달걀을 넣어 뚜껑을 덮고 약한 불에서 1분 정도 익혀요.

오이 스틱(1인분)

재료 : 오이 50g

오이를 깨끗이 씻어 한입 크기로 잘라 가지런히 도시락에 담아요.

보슬보슬 부드러운 달걀을 올려서

오므라이스 도시락

케첩을 넣어 맛있게 볶은 밥 위에 달걀반숙을 올린 오므라이스예요. 달걀은 기호에 따라 다 익혀도 좋아요. 달걀지단을 만들어서 밥 위에 덮어도 보기에 근사해요. 달걀반숙을 올릴 때는 불에서 재빨리 내려야 되므로 빠르게 조리하세요. 마지막엔 케첩을 굵게 뿌려 담고 피클이나 단무지를 곁들어도 좋답니다.

오므라이스
(1인분)

재료 닭 다리살 60g, 양파 50g, 송이버섯 50g, 옥수수(통조림) 30g, 완두콩 30g, 케첩 1큰술, 소금 1/4작은술, 후춧가루 조금, 밥 1공기, 식용유 적당량, 달걀 2개, 버터 1/2큰술

1 닭고기, 양파, 송이버섯을 잘게 썰어요.

2 팬에 식용유를 두르고 닭고기를 넣고 볶다가 양파, 송이버섯, 옥수수, 완두콩을 넣어 볶아요.

먼저 도시락에 볶은 밥을 담아요.

3 밥을 넣어 볶다가 케첩, 소금, 후춧가루로 간해서 약간 식었을 때 도시락에 담아요.

달걀은 미리 풀어두고 중간 또는 강한 불에서 반숙으로 익히는데, 반숙 상태에서 불만 끄면 열기가 남아 있어 완숙이 되어버리니 주의하세요.

4 팬에 버터를 넣어 녹이고 중간 또는 강한 불에서 달걀을 반숙으로 재빨리 익혀 밥 위에 얹어요. 먹기 전에 케첩을 뿌려요.

양념유부를 넣어 맛있게 만든

채소김밥 도시락

채소만 넣어 손쉽게 만드는 간단한 김밥입니다. 달짝지근하게 양념한 유부를 넣어
더욱 감칠맛이 돌아요. 김밥 안에 들어가는 채소는 그때그때 집에 있는 재료를 사용하면
경제적이랍니다. 사랑을 듬뿍 넣어 예쁘게 만 김밥이라면 만든 사람의
정성 또한 그대로 전해지겠죠.

채소김밥
(1인분)

재료 김(김밥용) 4장, 밥 3~4공기(식초 조금, 설탕 조금, 통깨 조금), 단무지 50g(식초 1/2작은술, 설탕 1/2작은술), 유부 1장(설탕 1작은술, 간장 1큰술, 물 1큰술, 미림 1큰술), 당근 60g(소금 조금), 달걀 1개(소금 조금), 시금치(소금 조금, 통깨 조금, 참기름 조금)

1 각각의 재료를 손질해서 준비해요.

2 단무지는 식초, 설탕을 넣고 살짝 버무려요.

3 유부는 끓는 물을 부어 기름기를 뺀 다음 냄비에 설탕, 간장, 물, 미림을 넣어 약한 불에서 조려요.

4 달걀지단을 만들고 팬에 당근을 넣어 볶다가 소금으로 간해요.

5 시금치는 끓는 물에 데쳐서 물기를 꼭 짜서 소금, 통깨, 참기름을 넣어 무쳐요.

밥은 주걱으로 저어가며 식혀주세요.

6 밥은 식초, 설탕, 통깨를 넣고 버무린 후, 김발에 김을 놓고 밥을 펴서 올리고 준비한 재료를 올린 후 말아요.

보기만 해도 행복해지는
오니기리 도시락

정성을 다해 만든 오니기리는 언제나 따뜻한 엄마의 손맛이 느껴져요.
항상 김으로만 싸던 오니기리를 이번에는 통깨와 검은깨를 묻혀 만들었더니 색다른 분위기와
맛을 선사해요. 주말 오후에 나가는 피크닉에 제격인 사랑스러운 메뉴랍니다.

오니기리
(1인분)

재료 연어 2조각, 참치(통조림) 50g, 마요네즈 1작은술, 후춧가루 조금, 밥 1+1/2공기, 소금 조금, 통깨 2큰술, 검은깨 2큰술, 김 조금

소금 간이 안 된 연어는 미리 소금 간을 해서 구우세요.

손에 소금물을 묻혀서 오니기리를 만들어야 손에 밥이 잘 붙지 않고 모양도 예쁘게 만들 수 있어요.

1 연어는 생선그릴에 굽고 참치는 기름기를 빼서 마요네즈를 넣어 버무린 후 후춧가루를 뿌려요.

2 볼에 따뜻한 밥을 담고 소금을 넣어 고루 섞은 다음, 밥을 3등분으로 나눠요. 밥을 1인분씩 손바닥에 올리고 가운데를 눌러 연어 또는 참치를 넣고 삼각형으로 모양을 잡아요.

쟁반에 통깨를 넣고 오니기리를 굴려가며 묻히면 됩니다.

3 오니기리 두 개 중 하나는 검은깨를, 하나는 통깨를 묻혀요.

4 나머지 하나는 김으로 감싸고 맨 위에 연어를 올려요.

일본식 달걀말이(1인분)
재료 : 달걀 3개, 가츠오부시 국물 2큰술, 미림 1큰술, 설탕 2큰술, 간장 1작은술, 식용유 적당량

1. 볼에 재료를 모두 넣어 고루 섞어요.
2. 사각팬에 식용유를 두르고 중간 불에서 달걀의 1/3만 넣고 젓가락으로 달걀을 말아요. 달걀이 거의 익으면 한쪽으로 몰아 같은 방법으로 두 번 더 반복해서 달걀말이를 만들어요(달걀을 3등분해서 세 번 반복해서 달걀을 말아주세요. 두 번째부터 달걀물을 넣을 때는 달걀말이를 살짝 들어 아래쪽에도 들어가도록 해주세요).

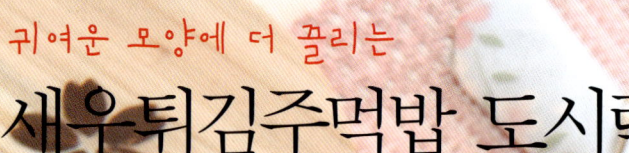

귀여운 모양에 더 끌리는
새우튀김주먹밥 도시락

새우튀김을 넣어 만든 주먹밥은 보기만 해도 귀여워서 아이들에게도 인기가 좋아요.
새우튀김주먹밥에 간단한 샐러드를 곁들이면 도시락의 분위기도 살아난답니다.
새우튀김을 만들고 남은 달걀로 달걀말이를 만들어 넣어주세요.

메인
메뉴

새우튀김 주먹밥 (1인분)

주재료 새우(손질한 것) 3마리, 밥 1공기, 소금 조금
튀김옷 달걀물 1큰술, 밀가루 1큰술, 식용유 적당량, 김 1장

1 새우에 소금과 후춧가루를 뿌리고 볼에 달걀물과 밀가루를 넣어 섞고 새우에 튀김옷을 입혀요.

2 팬에 식용유를 두르고 새우를 튀기듯이 지져요.

> 김을 사진처럼 싸고, 도시락에 세워서 담으세요. 식성에 맞게 새우와 밥의 양을 조절하세요.

> 새우튀김을 가운데 넣고 새우가 반 정도 밖으로 나오게 하세요.

3 따뜻한 밥은 소금으로 간해서 3등분해요.

4 바닥에 랩을 깔고 밥을 올린 후 가운데 새우튀김을 올리고 삼각형으로 빚어요. 3등분으로 자른 김으로 잘 감싸요.

간단 달걀말이 (1인분)
재료 : 달걀물(새우튀김을 만들고 남은 달걀), 소금 조금, 식용유 적당량

팬에 식용유를 두르고 달걀물을 부어 지단을 부치듯이 접어서 익혀요(직사각이 되도록 둥근 부분을 말아주세요. 완성된 달걀말이는 반으로 자른 후 도시락에 세워서 담아주세요).

사이드메뉴

작지만 든든한 메뉴

고기말이주먹밥 도시락

쇠고기를 돌돌 말아 만든 주먹밥이랍니다.
채소보다 고기를 좋아하는 동생이나 남자친구가 좋아할 만한 볼륨감 있는 메뉴예요.
별도의 용기에 김치나 고추장볶음을 함께 담아 가면 칼칼한 맛을 더할 수 있어요.

메인 메뉴

고기말이 주먹밥(1인분)

주재료 쇠고기(샤브샤브용) 약 50g, 밥 1공기, 소금 조금, 통깨 1큰술, 밀가루 1/2큰술, 식용유 적당량

양념 간장 1큰술, 미림 1작은술, 설탕 1/2작은술, 후춧가루 조금 50g,

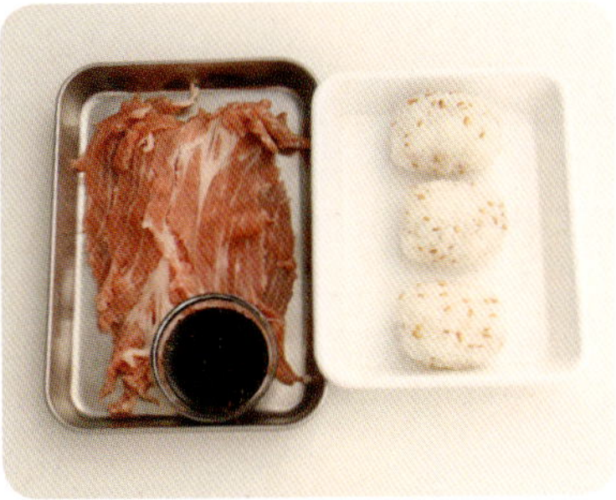

1 볼에 밥, 통깨, 소금을 넣어 고루 섞은 다음 타원으로 모양을 잡아요. 볼에 양념 재료는 한데 넣어 고루 섞어요.

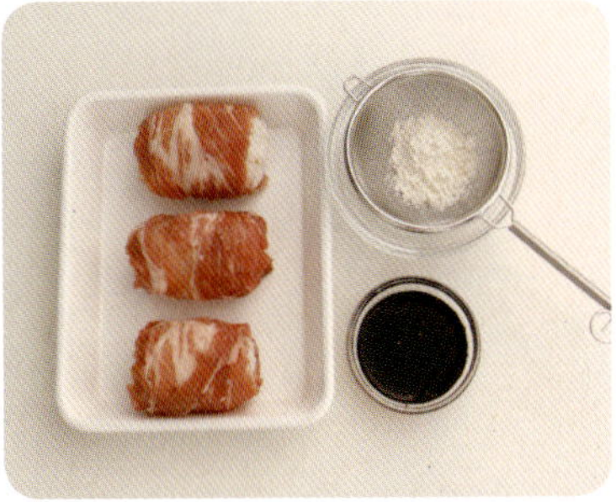

2 밥을 쇠고기로 돌돌 말아 밀가루를 곱게 뿌려요.

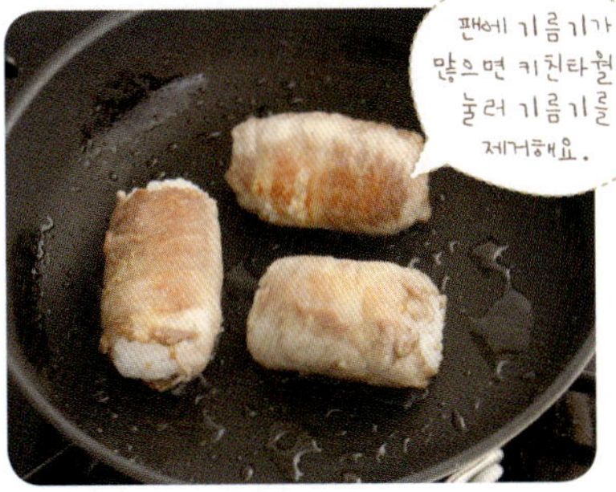
팬에 기름기가
많으면 키친타월로
눌러 기름기를
제거해요.

3 팬에 식용유를 두르고 주먹밥을 넣어 노릇하게 구워요.

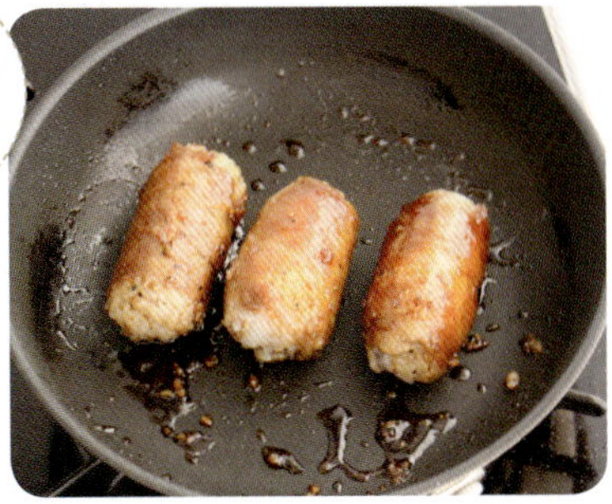

4 양념장을 넣어 주먹밥에 양념이 고루 배도록 끓여요.

사이드메뉴

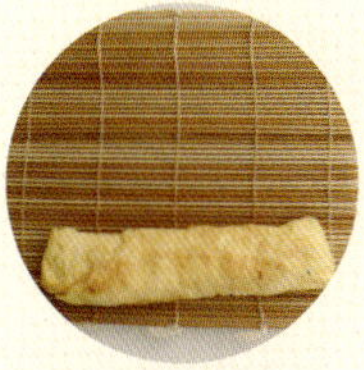

달걀말이(1인분)

재료 : 달걀 1개, 소금 조금

볼에 달걀을 넣고 소금으로 간해서 달걀말이를 만들어요. 김발에 달걀말이를 올리고 돌돌 말아 한입 크기로 썰어요.

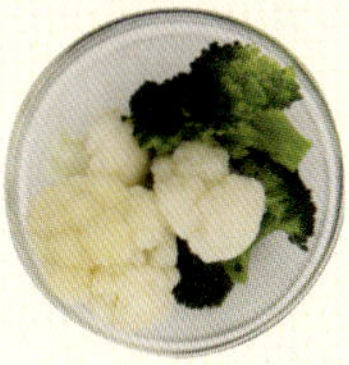

브로콜리&콜리플라워 샐러드(1인분)

재료 : 브로콜리 20g, 콜리플라워 20g, 시판 드레싱 1작은술

브로콜리와 콜리플라워는 끓는 물에 데쳐 시판 드레싱을 뿌려요.

달짝지근한 유부로 맛을 내요
유부초밥 도시락

삼각 모양의 유부초밥도 예쁘지만 유부 안에 밥을 반 정도넣고 반으로 접은 후
잘라서 도시락에 차곡차곡 담아도 먹음직스러워요. 당근만 넣어 심플하게 만든 유부초밥도 좋고,
가끔은 멸치를 넣거나 나물로 비빈 밥을 넣어도 색다른 맛을 즐길 수 있어요.

메인 메뉴

유부초밥
(1인분)

주재료 유부 3장, 당근 40g, 소금 조금, 식용유 적당량, 통깨 1/2큰술, 검은깨 1/2큰술, 밥 2~3공기, 미림 1큰술

유부 양념 가츠오부시 국물 1컵, 간장 2큰술, 설탕 2+1/2큰술, 미림 2큰술

초밥 양념 식초 2큰술, 설탕 1큰술, 소금 조금

1 유부를 반으로 가르고 젓가락으로 밀어 안을 벌린 후 끓는 물을 부어 기름기를 제거해요.

2 냄비에 유부 양념 재료를 넣어 끓이다가 유부를 넣고 약한 불에서 15분 정도 조린 후 미림 1큰술을 넣고 불을 꺼요.

3 팬에 식용유를 두르고 당근을 잘게 썰어 볶다가 소금으로 간해요.

4 밥에 초밥 양념 재료를 넣어 섞은 후 통깨, 검은깨, 당근을 넣고 고루 섞어요.

5 유부 안쪽에 밥을 반쯤 넣고 유부를 반으로 접은 후 반으로 잘라요.

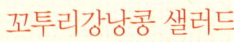

꼬투리강낭콩 샐러드
재료 : 꼬투리강낭콩 30g, 방울토마토 1개, 드레싱 조금

꼬투리강낭콩을 한입 크기로 썰어 끓는 물에 살짝 데친 다음 방울토마토와 함께 담아요(드레싱은 따로 담아주세요).

사이드 메뉴

따로 먹어도, 같이 먹어도 맛있는

충무김밥 도시락

매콤달콤한 오징어와 어묵무침의 충무김밥은 이름만으로도 식욕이 불끈 솟아나요.
김을 돌돌 말아 충무김밥을 연출해도 좋고, 바쁠 때는 흰밥과 오징어,
어묵무침을 담고 도시락용 김을 따로 담아도 좋답니다.

충무김밥& 어묵무침(1인분)

주재료 데친 오징어 1마리, 부산어묵 2장

양념 고춧가루 1/2큰술, 간장 1/2큰술, 다진 마늘 1/2작은술, 고추장 1작은술, 설탕 1/2작은술, 물엿 1작은술, 미림 1작은술, 다진 파 1작은술, 참기름 1/2작은술, 통깨 1/2 작은술

1 어묵은 끓는 물에 살짝 데쳐서 길쭉하게 썰고 볼에 양념 재료를 한데 넣어 고루 섞어요.

2 1의 양념장에 먹기 좋게 썬 오징어와 어묵을 넣어 버무려요.

3 밥에 통깨와 소금을 넣어 잘 섞고 3등분한 김에 밥을 올려 싸서 4등분으로 썰어요.

4 김밥에 참기름을 발라 도시락에 차곡차곡 담고 오징어무침과 어묵무침을 담아요.

김 따로 밥 따로 준비해도 좋아요.

🍙 도시락의 꽃, 주먹밥 퍼레이드

따뜻한 김이 모락모락 피어오르는 갓 지은 흰밥으로 정성껏 만든 주먹밥. 집에 있는 간단한 반찬으로 얼마든지 근사하고 맛있게 연출할 수 있어요. 직접 만든 주먹밥이라면 도시락은 물론, 아침식사나 간 단한 야식으로도 그만이랍니다. 특히 추운 날에는 오니기리를 그릇에 담아 차를 부어 오차즈케를 만들어 먹어도 특별한 맛을 선사합니다. 기본적인 삼각 모양도 조금만 아이디어를 더하면 근사한 주먹밥으로 변신할 수 있어요.

주먹밥 예쁘고 맛있게 만드는 노하우

❶ 너무 큰 사이즈보다 먹기에도 부담 없는 사이즈로 준비해보세요. 밥 100g, 보통 밥공기의 2/3 정도의 양으로 만들면 좋답니다.
❷ 특별한 재료를 더하지 않는 주먹밥 맛의 승부는 역시 소금이죠. 미네랄이 풍부한 구운 천연소금을 이용하면 좋답니다.
❸ 주먹밥을 만들 때는 항상 소금물을 준비해서 양손에 묻혀 밥을 손에 올리고 양손을 ㄱ자 모양으로 잡아서 삼각 모양으로 밥을 돌려가며 만드세요. 이렇게 손으로 정성껏 돌려가며 만든 주먹밥은 밥알과 밥알 사이에 공기가 들어가서 밥알 하나하나가 살아 있는 듯 맛이 좋아요. 둥근 모양은 동그랗게 굴려가면서 만들면 된답니다. 타원형의 주먹밥을 만들 때는 밥의 양을 50g 정도로 만드는 게 모양이 예뻐요.

고추장볶음 주먹밥

미소구이 주먹밥

우사기가 제안하는 주먹밥 레시피

1. 고추장볶음 주먹밥
재료 : 밥 100g, 고추장볶음 30g, 소금 조금

❶ 볼에 밥을 넣고 소금으로 간해서 손에 밥을 2/3 정도 올리고 가운데를 누른 다음 고추장볶음을 넣고 나머지 밥으로 덮어 삼각형으로 모양을 잡아요.

❷ 김으로 전체를 감싸요.

2. 미소구이 주먹밥

재료 : 밥 100g, 소금 조금, 일본된장(미소) 1/2큰술, 잘게 썬 파 1작은술, 설탕 1/2작은술, 미림 1/2작은술

❶ 볼에 일본된장, 잘게 썬 파, 미림, 설탕을 한데 넣어 고루 섞어 미소 양념을 만들어요.
❷ 볼에 밥을 넣고 소금을 조금 뿌리고 뒤적거린 다음 동그랗게 모양을 잡아 팬에서 앞뒤로 노릇하게 구워요.
❸ 주먹밥에 미소 양념을 바르고 3분 정도 구운 다음 뒤집어서 미소 양념을 바르고 3분 정도 구워요.

3. 김치볶음 주먹밥

재료 : 따뜻한 밥 100g, 소금 조금, 볶은 김치 30g, 김 조금

❶ 볼에 밥을 넣고 소금으로 간해서 손에 밥을 2/3 정도 올리고 가운데를 누른 다음 볶은 김치를 넣고 나머지 밥으로 덮어 삼각형으로 모양을 잡아요.
❷ 김으로 전체를 감싸요.

4. 장어구이 주먹밥

재료 : 장어구이(양념된 것) 1조각, 오이 10g, 밥 50g, 소금 조금, 김 조금

❶ 오이는 얇게 썰어 소금으로 절인 후 10분 정도 두었다가 물기를 빼요.
❷ 볼에 밥을 넣고 소금으로 간해서 타원형으로 모양을 만들어요. 오이와 장어를 올리고 김을 2cm 폭으로 잘라 가운데를 둘러요.

장어구이
주먹밥

김치볶음
주먹밥

멸치통리카케
오니기리

5. 멸치후리카케 오니기리

재료 : 밥 100g, 멸치후리카케(36쪽 참조) 30g, 소금 조금

❶ 볼에 밥을 넣고 소금으로 살짝 간한 다음
멸치후리카케를 넣고 고루 섞어요.
❷ 먹기 좋은 크기로 동그랗게 모양을 잡아요.

돈가스
주먹밥

6. 돈가스 주먹밥

재료 : 따뜻한 밥 50g, 김 1/3장, 돈가스 1조각, 양배추(잘게 썬 것) 10g, 돈가스소스 조금

❶ 김을 깔고 2/3 정도 밥을 얇게 펴서 올린 다음 양배추와 돈가스를 올리고 돌돌 말아요
(밥의 양이 조금만 많아도 커질 수 있으니 주의하세요. 돈가스와 양배추가 조금 위로 나와야 먹음직스러워요).

7. 참치채소볶음 주먹밥

재료 : 따뜻한 밥 100g, 소금 조금, 참치채소볶음(24쪽 참고) 30g, 김 1/3장

❶ 볼에 밥을 넣고 소금으로 간해서 손에 밥을 2/3 정도 올리고 가
운데를 누른 다음 참치채소볶음을 넣고 나머지 밥으로 덮어 삼각
형으로 모양을 잡아요.
❷ 김으로 전체를 감싸요.

참치채소볶음
주먹밥

8. 야키 오니기리

재료 : 따뜻한 밥 100g, 소금 조금, 간장 1작은술

❶ 볼에 밥을 넣고 소금으로 간한 다음 삼각형으로 모양을 잡아요.
❷ 팬에 오니기리를 넣고 앞뒤로 2분 정도 구워요. 간장을 바르고 약한 불
에서 5분 정도 구운 다음, 뒤집어서 간장을 바르고 5분 정도 구워요(야키
오니기리는 따뜻한 녹차나 보리차를 부어 오차즈케로 먹어도 맛있답니다).

여러 가지 모양의 귀여운 주먹밥으로 커다란 접시 위를
장식해 보세요. 근사한 식사 시간이 될 거예요. 나만의 작은 아이디어
를 더해 안에 쏙 재료를 바꾸거나 모양만 요리조리 바꾸어도
다양한 주먹밥이 완성되지요. 만드는 재미 또한 쏠쏠하답니다.
그리고 주먹밥 옆에 단무지나 방울토마토 하나만 곁들여도
훨씬 먹음직스러워 보여요.

가끔은 카페의 런치타임 같은 도시락이 그리울 때가 있어요.

면과 빵을 테마로 살짝 카페의 런치타임을 도시락에 담아보세요.

예쁜 일회용 용기나 포장지를 이용해

피크닉 가는 분위기를 연출해도 좋답니다.

Part 6

색다른 도시락을 원한다면
면·빵 도시락

볼륨감을 더해서

채소미트소스
파스타 도시락

재료   1인분

재료 미트소스 3큰술, 호박 20g, 당근 20g, 까투리강낭콩 20g, 올리브유 1큰술, 푸질리(쇼트 파스타) 70g

미트소스만으로도 맛있는 파스타를 완성할 수 있지만, 여기에 채소를 더해 깊은 맛을 더했어요. 채소는 냉장고에 있는 재료를 사용해도 좋답니다.

쿠킹포인트

아침시간에 파스타면을 삶기 번거로울 때는 미리 파스타면을 삶아 1인분씩 랩으로 싸서 냉동 보관해도 좋아요. 사용할 때는 전자레인지에서 30~40초간 가열해서 젓가락으로 면을 풀어주면 됩니다.

푸질리는 포장지에 표기된 시간대로 삶으세요.

1 호박, 당근을 0.5cm 주사위 모양으로 잘게 썰어요.

2 팬에 올리브유를 두르고 호박, 당근, 까투리강낭콩을 넣어 볶아요.

3 팬에 미트소스를 넣고 볶다가 삶은 푸질리를 넣고 고루 섞어요.

주시한 가지 맛이 잊혀지지 않아요

가지토마토소스 파스타 도시락

재료 **1인분**

재료 펜네 60g, 가지 1개, 양파 30g, 베이컨 10g, 홀토마토(통조림) 100g, 올리브유 2큰술, 맛술 1큰술, 물 1/2 컵, 소금 1/3작은술, 후춧가루 조금

소스의 맛이 듬뿍 배인 가지는 토마토소스와 절묘한 조화를 이룬답니다. 식어도 쫄깃쫄깃한 펜네를 이용하여 맛있는 파스타 도시락을 만들었어요. 집에서 즐기는 런치타임에도 유용한 메뉴랍니다.

이때 채소에 소금을 조금 뿌려 간하세요.

펜네 포장지에 표기된 시간대로 삶으세요.

1 양파와 가지는 한입 크기로 썰고, 베이컨은 적당히 썰어요.

2 팬에 올리브유를 두르고 가지, 양파, 베이컨을 넣고 볶아요.

3 맛술과 홀토마토를 넣고 중간 불에서 끓이다가 펜네를 넣고 볶아요.

4 팬의 뚜껑을 덮고 펜네를 삶는 시간만큼 끓인 후 고루 섞어요.

간단하고 맛있게
모시조개 파스타 도시락

재료　1인분

재료 펜네 60g, 모시조개 80g, 양배추 20g, 다진 마늘 1/2작은술, 매운 마른 고추 1개, 올리브유 1큰술, 물 1컵, 맛술 1큰술, 소금 1/3작은술, 후춧가루 조금

펜네를 따로 삶지 않아 아침시간에 만들기에 부담이 없어요. 모시조개와 양배추가 어우러져 색다른 맛을 선사해요. 캐주얼한 도시락에 모양내서 담아 가면 친구 또는 동료들이 모두 부러워할 거예요.

모시조개는 전날 저녁에 해감하면 편리합니다.

올리브유에 마른 고추를 볶을 때는 불을 약하게 줄이세요.

펜네는 포장지에 표기된 시간대로 삶아주세요.

1 모시조개는 소금물에 담가 해감하고, 양배추는 한입 크기로 손으로 찢어요.

2 팬에 올리브유를 두르고 마늘을 넣어 볶다가 마늘향이 나기 시작하면 매운 마른 고추를 넣어 볶다가 물, 맛술, 소금을 넣어요.

3 2가 끓어오르면 펜네와 모시조개를 넣고 뚜껑을 덮고 끓여요.

4 뚜껑을 열고 양배추를 넣어 물기가 없어질 때까지 1~2분간 볶다가 후춧가루를 뿌려요.

알갱이가 톡톡!

명란젓 파스타 도시락

재료 **1인분**

주재료 스파게티면 100g, 명란젓 1/2덩이

소스 마요네즈 3큰술, 레몬즙 1/2작은술, 샐러드잎 조금, 소금 조금, 후 춧가루 조금

명란젓을 넣어 만든 파스타는 은근히 중독성이 있어요. 먹으면 먹을수록 파스타와 '어쩌면 이렇게 잘 어울릴까!' 하는 감탄을 하게 되거든요. 명란젓 파스타가 완성되면 샐러드잎을 올려 장식하고, 과일도 담아 영양이 균형 잡힌 도시락을 만들어보세요.

쿠킹포인트

아침시간에 파스타면을 삶기 번거로울 때는 미리 파스타면을 삶아 1인분씩 랩으로 싸서 냉동 보관해도 좋아요. 사용할 때는 전자레인지에서 30~40초간 가열해서 젓가락으로 면을 풀어주면 됩니다.

명란젓은 칼등으로 부드럽게 긁어내듯 빼주세요.

스파게티면은 포장지에 표기된 시간대로 미리 삶아주세요.

1 명란젓은 알갱이만 곱게 빼내요.

2 볼에 소스 재료를 한데 넣고 고루 섞어요.

3 소스에 삶은 스파게티면을 넣고 잘 섞어요.

4 명란젓 파스타를 도시락에 담고 샐러드잎을 올려 장식하고 과일도 곁들여요.

보기만 해도 군침이 도는
야키소바 도시락

재료 · 1인분

주재료 야키소바면 1봉지, 양파 35g, 부추 20g, 냉동 해물믹스 100g, 참기름 조금, 다진 생강 1/4작은술
소스 우스터소스 1+1/2큰술, 간장 1+1/2큰술, 맛술 1+1/2큰술, 후춧가루 조금

냉동 해물믹스를 이용해 쉽고 간단하게 만드는 야키소바 도시락이에요. 부추는 맨 마지막에 넣어 향긋함을 더하세요. 야키소바에는 락교와 베니쇼가를 살짝 곁들이면 맛을 돋워줄 뿐 아니라 눈도 즐겁답니다.

시푸드믹스는 냉동식품을 사용했는데, 조리 전에 해동시켜 주세요.

1 양파는 0.5cm 두께로 채 썰고, 부추는 4cm 길이로 썰어요. 볼에 **소스** 재료를 모두 넣고 고루 섞어요.

2 팬에 참기름을 두르고 양파와 생강을 넣어 볶아요.

3 양파가 숨이 죽으면 냉동 시푸드냉동 해물믹스를 넣고 볶아요.

4 야키소바면과 소스를 넣어 볶다가 부추를 넣어 마무리해요.

케첩과 머스터드를 예쁘게 뿌려서
핫도그 도시락

재료 1인분

재료 빵(핫도그용) 2개, 프랭크소시
지 2개, 양파 40g, 피클 30g, 양상추
30g, 버터 6g, 케첩 적당량, 머스터
드 적당량

맛있게 구워진 프랭크소시지에 상큼한 피
클과 양파를 넣어 만든 핫도그랍니다. 핫도
그에 방울토마토나 피클을 곁들이면 도시
락 타임이 더욱 기다려져요. 야외로 나가는
도시락을 쌀 때는 소시지, 피클, 양파 등의
속 재료를 따로 담아 가서 즉석에서 만들어
먹는 것이 더 맛있겠죠!

1 양파와 피클은 잘게 썰
어요.

2 팬에 프랭크소시지를
넣어 약한 불에서 익
혀요.

3 빵에 버터를 바르고 양
상추를 넣고 양파와 피
클을 올려요.

4 프랭크소시지를 넣고
케첩과 머스터드를 뿌
려요.

새우프라이와 타르타르소스의 조화로운 맛

새우프라이 샌드위치 도시락

재료 1인분

재료 모닝빵 2개, 양상추 2장, 새우 2마리, 빵가루 2큰술, 밀가루 1작은술, 달걀물 1큰술

모닝빵에 새우프라이를 담은 심플한 샌드위치예요. 삐죽 나온 새우 꼬리가 보기만 해도 입안에 군침이 가득 돌고 기분이 좋아져요. 예쁘게 포장하면 런치 타임이 더욱 즐거워요.

타르타르소스
만드는 법은 41쪽을 참고하세요.

사이드 메뉴

새우를 손질할 때는 새우의 두세 번째 마디의 내장을 꼬치로 제거한 다음 꼬리 부분의 한 마디만 남기고 껍질을 벗기세요.

새우의 안쪽에 칼집을 두세 곳 내면 새우가 심하게 오그라드는 것을 방지할 수 있어요.

1 새우는 껍질을 벗기고 밀가루, 달걀물, 빵가루 순으로 묻혀서 튀김옷을 입혀요.

2 팬에 기름을 1cm 높이만큼 붓고 튀기듯이 지져요.

3 모닝빵을 반으로 갈라요.

4 모닝빵 사이에 양상추, 새우프라이를 넣고 타르타르소스를 뿌려요.

기쁨이 넘치는

에그 핫샌드위치 도시락

재료 **1인분**

재료 삶은 달걀 2개, 마요네즈 2작은술, 소금 조금, 후춧가루 조금, 버터 10g, 식빵 4장, 샐러드 채소 적당량

핫샌드위치머신을 이용해 간단하게 만들 수 있어요. 달걀 샐러드 대신 햄이나 치즈 등을 넣어 만들어도 좋아요. 밖에서 사 먹는 것보다 훨씬 건강하고 경제적으로도 기특한 샌드위치로 점심시간을 보람차게 꾸려보세요.

핫샌드위치머신이 없을 때는 식빵의 가장자리를 자른 후 버터를 바르고 마요네즈에 버무린 달걀을 올려 먹어도 맛이 좋아요.

1 삶은 달걀은 노른자는 으깨고 흰자는 잘게 썰어 볼에 넣고 마요네즈, 소금, 후춧가루를 넣어 버무려요.

2 식빵 1장에 버터를 발라요.

3 마요네즈에 버무린 달걀을 나머지 식빵 1장에 올려요.

4 핫샌드위치머신에 넣고 10분 정도 구워요.

크림치즈를 듬뿍 바른

베이글 샌드 도시락

재료 · 1인분

재료 베이글 2개, 크림치즈 3큰술, 양파 40g, 훈제연어 4장, 레몬(얇게 썬 것) 2~3장, 케이퍼 2작은술, 소금 조금, 후춧가루 조금

훈제연어를 넣어 간단하게 만든 담백한 맛의 베이글 샌드위치예요. 크림치즈를 듬뿍 바르고 양파와 연어를 올린 심플한 샌드위치지만 맛만큼은 버라이어티하답니다. 새콤달콤한 오이피클과 상큼한 딸기를 곁들여 센스를 뽐냈어요.

1 연어 위에 레몬을 올리고 10분 정도 그대로 두고, 양파는 얇게 썰어 찬물에 헹궈 매운맛을 빼요.

2 베이글은 반으로 자르고 한쪽 면에 크림치즈를 듬뿍 발라요.

3 크림치즈 위에 연어를 올려요.

4 양파, 케이퍼 순으로 올리고 소금과 후춧가루로 간한 다음 나머지 베이글로 덮어요.

푸근한 런치세트

참치샐러드 &
바게트 도시락

재료   1인분

재료 바게트 2조각, 참치(통조림) 80g, 방울토마토 3개, 삶은 달걀 2개, 셀러리(잎 포함) 1/2대, 마요네즈 2큰술, 소금 조금, 후춧가루 조금

가벼운 런치에 즐기기 좋은 메뉴로 다이어트를 하는 여성들에게도 인기가 좋아요. 아삭아삭 상큼한 셀러리의 식감이 일상의 무료함을 한 번에 날려주는 것 같아요. 삶은 달걀과 참치를 넣어 포만감까지 살렸어요.

달걀은 1개만 먼저 넣고, 나머지 1개는 완성되면 올리세요. 그래야 모양이 예쁘거든요.

1 삶은 달걀은 세로로 6등분해 썰고 방울토마토는 반으로 가르고 셀러리는 한입 크기로 어슷 썰어요.

2 볼에 셀러리, 참치, 삶은 달걀(1개 분량)을 넣고 마요네즈를 넣어 고루 섞어요.

3 셀러리잎을 도시락에 깔고 샐러드를 담아요.

4 도시락 한쪽에 바게트를 담아요.

여행길에 만난 일본 에키벤 (역에서 파는 도시락)

덜컹거리며 달리는 기차에서 창밖을 바라보며 오순도순 먹는 도시락은 상상만으로도 가슴이 설레요. 일본 기차여행의 최고 즐거움이라면 에키벤을 꼽을 수 있어요. 에키벤은 역에서 팔거나 기차 안에서 파는 도시락을 말하는데 일본의 에키벤은 각 지역과 역에 따라 맛과 모양이 다양할 뿐더러 특산물 등을 이용해 그 지방만의 특색을 살린 도시락이 많아요.

역 매점에 진열되어 있는 아기자기한 도시락은 구경만으로 눈이 즐겁고 마음도 행복해요. 어떤 것을 먹을까, 한참을 들여다보아도 마음에 드는 걸 하나만 딱 집어내기가 쉽지 않거든요.

그럴 땐 매점 옆에 붙어 있는 에키벤 랭킹을 참고하세요. 일본에는 매년 전국적으로 에키벤 대회가 열리기도 하고, 같은 역의 도시락도 순위를 표시해두곤 하거든요. 매점 아주머니가 비닐봉지에 도시락을 담아주면 그것을 한 손에 들고 달랑거리며 기차에 올라탄답니다. 기차가 기적을 울리며 출발하면 여행을 떠나는 기쁨만큼 설레는 마음으로 도시락을 열어봐요. 그리고는 창밖으로 스쳐 지나가는 풍경을 감상하며 천천히 도시락의 맛을 음미해요. 하나하나 정성이 느껴지는 아기자기한 에키벤, 여행의 소중한 추억이 되어 가슴 한구석에 자리 잡고 있어요.

1 에키벤은 터미널역 매점에서 쉽게 찾아볼 수 있답니다.

2 도쿄 우에노역에서 가장 인기 있는 에키벤이에요.

3 그 역에서만 만날 수 있는 한정 판매 도시락들은 늘 인기가 많답니다.

4 나무로 만든 상자가 여행 기분을 더 느낄 수 있게 해줘요. 말랑말랑 찹쌀떡 디저트까지 들어 있답니다.

5 도시락의 단골 메뉴인 연어구이는 절대 빠질 수가 없지요.

6 달짝지근하게 조려진 관자조림이 들어 있는 도시락이에요.

일상 속에서 작은 즐거움과 행복을 더하는 스페셜 도시락이에요.
소소한 행복을 더하는 피크닉 도시락, 사랑하는 사람을 위해 준비하는
러블리 도시락, 고마운 마음을 전하는 감사의 도시락 등 간단하면서도
부담스럽지 않고, 멋스러우면서도 맛있는 도시락이랍니다.
그때그때의 분위기에 따라 나만의 스페셜 도시락을 준비해보세요.

Part 7

테마에 맞춰 꾸며보는
스페셜 도시락

햇살 가득한 날, 공원에서 즐기는
치킨양념볶음 도시락

따사로운 봄날의 햇살을 즐기거나 붉게 물든 단풍을 바라보며
일상의 소소한 즐거움을 더욱 의미 있게 만들어주는 피크닉은 생각만 해도
입가에 살짝 미소가 번져요. 가까운 공원에서 즐기는 피크닉 도시락을 일상의 분위기를
살려 꾸며봤어요. 누구나 좋아하는 치킨양념볶음과 사이드 메뉴를 골고루 담고
평범한 흰밥 위에도 가시를 발라낸 연어구이를 올려 특별함을 더했어요. 느닷없이 집을
나서거나 특별한 준비가 없는 피크닉이라면 메인 요리 하나만 넉넉히 준비하고
냉장고에 있는 반찬들을 예쁘게 담아도 좋답니다.

치킨양념 볶음 (1인분)

주재료 닭 다리살 80g, 녹말가루 1큰술, 소금 조금, 식용유 적당량, 통깨 조금

양념 간장 1큰술, 설탕 1큰술, 식초 1/2큰술, 다진 마늘 1작은술

1 닭고기는 한입 크기로 썰어 소금과 후춧가루로 간하고 5분 정도 재워요. 볼에 **양념 재료**를 모두 넣어 고루 섞어요.

2 물에 녹말가루를 넣어 반죽을 만들어 닭고기를 넣고 버무려 튀기듯이 지져요.

3 팬에 양념장을 넣고 살짝 끓이다가 튀긴 닭고기를 넣어 양념이 배도록 뒤적거리며 버무리고 통깨를 뿌려요.

연근조림 (1인분)
재료 : 연근 50g 양념 : 케첩 1큰술, 물 1큰술, 식초 1/2작은술, 설탕 1/2작은술

연근은 껍질을 벗겨 한입 크기로 썰고 **양념 재료**를 넣어 버무려요. 전자레인지에서 1분 30초 정도 가열해요.

시금치 호두조림 (1인분)
재료 : 데친 시금치 50g, 간장 1작은술, 설탕 1작은술, 호두 1작은술

데친 시금치에 간장, 호두, 설탕을 넣어 고루 버무려요.

오이어묵 (1인분)
재료 : 오이 30g, 어묵 30g

이는 어묵의 가운데 구멍보다 조금 작은 두께와 어묵 길이로 썰어 어묵 안에 끼운 후 먹기 좋은 크기로 썰어요(어묵은 사선으로 써는 게 도시락에 넣었을 때 변화가 느껴져 보기 좋아요).

삶은 달걀 & 비엔나소시지구이 (1인분)
재료 : 삶은 달걀 1개, 소금 조금, 검은깨 조금, 비엔나소시지 30g

삶은 달걀은 반으로 자르고 검은깨를 살짝 뿌려요. 비엔나소시지는 칼집을 넣고 팬에 넣어 약한 불에서 익혀요(소금은 따로 담아 가세요).

러블리한 마음을 가득 담은

데리야키치킨 도시락

군복무 중인 남자친구에게 전하는 사랑이 가득한 도시락은 생각만으로도
가슴이 설레죠. 푸짐하면서 새콤달콤한 데리야키치킨은 남자들에게 특히 인기가
좋은 메뉴인데 밥 위에 올려 간단하게 완성했답니다.
별도의 용기에 달콤한 과일을 담아 가면 남자친구가 감동하겠죠.

데리야키 치킨(1인분)

주재료 닭 다리살 160g, 맛술 1큰술, 식용유 적당량
밑간 맛술 1큰술, 간장 1큰술
데리야키소스 설탕 1큰술, 미림 2큰술, 간장 2큰술
데코리에션 재료 양상추 약간, 마요네즈 적당량, 새싹채소 약간, 방울토마토 1개

> 데리야키소스 재료를 팬에 넣고 섞어 소스를 만들어요.

1 닭고기는 밑간 재료를 넣고 간해서 10분 정도 재워요.

> 닭고기를 익힐 때는 껍질 부분이 팬의 바닥에 가도 록 먼저 굽고, 뒤집어서 구우세요.

2 팬에 식용유를 두르고 닭고기를 넣어 중간 불에서 앞뒤로 3분 정도씩 익힌 후 맛술 1큰술을 뿌리고 뚜껑을 덮고 불을 약하게 줄여 3분 정도 익혀요.

이렇게 담았어요

1 밥을 담고 그 위에 양상치를 깔아요.

2 썰어 놓은 데이야키 치킨을 올려요.

3 마요네즈를 뿌려요.

4 방울토마토와 새싹채소로 장식해요.

> 데리야키치킨은 썰어서 양상추를 올린 밥 위에 나란히 올리세요. 양상추 대신 양배추를 사용해도 좋아요. 마요네즈는 별도의 용기에 담아 먹기 직전에 뿌리세요.

3 데리야키소스를 넣고 2분 정도 살짝 조려요.

고구마 맛탕(1인분)
재료 : 고구마 90g, 설탕 5큰술, 꿀 1큰술, 물 3큰술, 검은깨 조금

1. 고구마는 손질해 한입 크기로 썰어 팬에 1cm 높이만큼 튀김기름을 붓고 튀겨요(팬에 튀김기름을 적게 넣고 숟가락으로 기름을 고구마에 끼얹어가며 튀기세요).
2. 팬에 설탕, 꿀, 물을 넣고 끓이다가 튀긴 고구마를 넣고 뒤적거리듯 조려요.

과일(1인분)
제철 과일을 한입 크기로 썰어 도시락에 담아요.

그냥 먹기 너무 아까워요!

새우프라이 도시락

김밥이나 유부초밥 등 단골 소풍 메뉴를 매일 집에서 먹는 반찬으로 예쁘게
꾸며보는 것은 어떨까요? 이때는 아기자기한 모양과 색상으로 아이들의 시선을
사로잡으세요. 흰밥을 동글게 뭉쳐 주먹밥으로 만들어 거먹을 짜고
살짝 웃는 얼굴을 만들어보세요. 아이들이 친구들 앞에서 자랑스러워할 거예요.

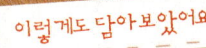
이렇게도 담아보았어요

새우프라이
(1인분)

재료 새우(손질한 것) 4마리, 밀가루 1/2큰술, 달걀 1개, 빵가루 4큰술, 소금 조금, 튀김기름 적당량

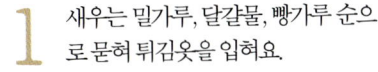

새우의 안쪽에 칼집을 두세 곳 내면 새우가 심하게 오그라드는 것을 방지할 수 있어요.

1 새우는 밀가루, 달걀물, 빵가루 순으로 묻혀 튀김옷을 입혀요.

2 팬에 튀김기름을 1cm 높이 정도 붓고 튀기듯이 지져요.

햄치즈말이 & 브로콜리 & 비엔나소시지 (1인분)
재료 : 햄 1장, 치즈 1장, 방울토마토 2개, 데친 브로콜리 30g, 비엔나소시지 1개

1. 햄과 치즈는 겹치게 놓고 돌돌 말아 꼬치로 고정시켜요.
2. 치즈를 작고 동그랗게 오려 브로콜리에 올려 장식해요.
3. 비엔나소시지는 반으로 잘라 앞뒤로 열십자 모양의 칼집을 넣고 팬에 구워 햄치즈말이, 방울토마토, 브로콜리와 함께 도시락에 담아요.

주먹밥 (1인분)
재료 : 밥 1공기, 소금 조금, 통깨 조금, 김 조금

밥에 소금, 통깨를 뿌리고 손에 소금물을 바른 다음 동그랗게 모양을 만든 후, 김으로 눈과 입 모양을 만들어요.(김으로 만든 눈과 입 모양은 전용 펀치를 사용하면 편리해요.)

맑은 공기와 함께 즐기는
치킨튀김 도시락

요즘 주말이면 공기 좋은 산으로 등산을 떠나는 분들이 많지요?
힘들게 올라간 정상에서 펼쳐지는 자연 속에서 맛보는 도시락은 그 어떤 요리보다
맛이 좋을 거예요. 도시락은 일회용 용기를 사용해서 가방의 부담도 덜었답니다.

치킨튀김
(1인분)

주재료 닭 다리살 100g, 녹말가루 1큰술, 튀김기름 적당량

양념 간장 1/2큰술, 맛술 1/2큰술

소스 잘게 썬 파 1큰술, 흑식초 1/2큰술, 간장 1/2큰술, 참기름 1작은술, 설탕 1/2작은술, 통깨 1/2작은술, 매운 마른 고추 조금

1 볼에 양념 재료를 넣고 고루 섞어요. 닭고기는 칼집을 넣어 한입 크기로 썰어 양념장에 넣고 버무려 5~10분간 재워요.

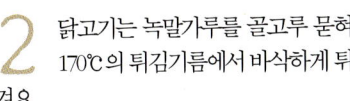

2 닭고기는 녹말가루를 골고루 묻혀 170℃의 튀김기름에서 바삭하게 튀겨요.

소스는 일회용 용기에 담아 준비하세요.

3 볼에 소스 재료를 모두 넣고 고루 섞어요.

사이드메뉴

오이 & 단무지무침 (1인분)
재료 : 단무지 30g, 오이 30g, 통깨 1/2작은술

볼에 오이와 단무지를 얇게 썰어 넣고 통깨를 뿌려 버무려요.

연근 & 까투리완두콩 튀김 (1인분)
재료 : 연근 50g, 까투리완두콩 2개

연근과 까투리완두콩을 170℃의 튀김기름에서 노릇하게 튀겨요.

오징어젓갈
시판 오징어젓갈을 도시락 귀퉁이에 살짝 담아요.

노란 수프컵에 완쾌를 바라는 마음을 담았어요

호박수프 도시락

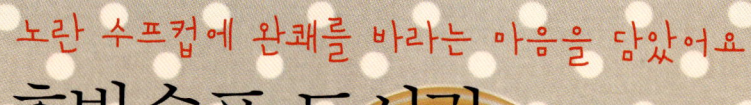

지인이 병원에 입원해서 병문안을 갈 때, 어떤 도시락을 싸야 할까 고민될 때가 있어요.
이럴 때는 환자가 부담 없이 먹을 수 있는 요리를 준비해야겠죠.
부드럽게 술술 넘어가는 호박수프는 예쁜 노란빛이 식욕을 돋워서 기분까지 밝아진답니다.

호박수프
(1인분)

재료 단호박(씨를 제거한 것) 400g, 우유 1+1/3컵, 생크림 2 큰술, 소금 1/8작은술, 설탕 1작은술, 아몬드 1작은술

시간이 없을 때는 전자레인지에 넣고 가열해도 좋아요.

1 씨를 제거한 단호박은 적당한 크기로 썰어요.

2 찜통에 단호박을 넣고 15분 정도 쪄서 껍질을 벗겨요.

3 믹서에 우유를 붓고 호박을 조금씩 넣어가며 갈아요.

4 호박을 다 갈면 생크림, 소금, 설탕을 넣어 고루 섞고 간을 맞춰요.

사이드메뉴

과일 디저트(1인분)
재료: 키위 1개, 딸기 8개, 요구르트 2큰술, 꿀 1작은술

요구르트에 꿀을 넣어 고루 섞고 키위는 한입 크기로 썰고, 딸기는 깨끗이 씻어요.

고마운 마음을 가득 담았어요
장어구이 도시락

말로 다 표현할 수 없는 감사의 마음을 담아 영양과 맛이
최고인 장어구이를 준비했어요. 불륨감을 살린 장어구이는 시판 장어를 이용해
간단하면서도 최고급 식재료답게 고급스러움을 그대로 살렸답니다.
받는 분은 물론 만드는 사람까지도 가슴이 뿌듯해지는 건강식이랍니다.
기다란 도시락이 없으면 도시락 위에 가지런히 자른 장어를 올려주세요.

메인 메뉴

장어구이
(1인분)

재료 시판 양념장어 1마리, 맛술 1큰술

간장양념 간장 1/2큰술, 미림 1/2큰술, 맛술 1작은술, 설탕 1작은술

1 그릴에 장어를 놓고 맛술 1큰술을 골고루 뿌려요.

2 그릴에 장어를 넣고 5분 정도 구워요.

3 볼에 **간장양념 재료**를 모두 넣어 고루 섞은 다음 장어 위에 골고루 발라요.

4 그릴에서 다시 7~10분간 구워 적당한 크기로 썰어요.

도시락에 바나나 잎을 깔고 밥을 담고 가지런히 썬 장어구이를 올린 후 남은 양념장도 뿌려주세요.

늦은 밤까지 일하는 당신에게

탄두리치킨 도시락

탄두리치킨은 전날 저녁에 닭고기를 양념에 재워야 맛이 좋아요.
오븐을 이용한 요리이니 시간을 여유 있게 두고 준비하는 게 좋겠지요.
사랑은 표현이라는 말이 있잖아요. 사랑하는 마음을 때때로 도시락으로 표현해보세요.

탄두리치킨
(1인분)

주재료 닭 다리살 100g, 소금
조금, 후춧가루 조금
소스 플레인 요구르트 20g, 카
레가루 1작은술, 케첩 1작은술,
칠리파우더 1/4작은술, 소금
1/4작은술

전날 저녁에
양념에 재워야 맛이
좋답니다.

1 닭고기는 소금과 후춧가루를 뿌려
요. 볼에 소스 재료를 한데 넣고 고루
섞어요.

2 닭고기에 소스를 발라 냉장고에서
반나절 정도 숙성시켜요.

3 닭고기를 200℃로 예열한 오븐에서
15분 정도 구워 먹기 좋은 크기로
썰어요.

데친 당근＆브로콜리
재료 : 브로콜리 20g, 당근 20g
109쪽을 참고해 미리 만들어
두세요.

당근과 브로콜리는 적당한
크기로 썰어 끓는 물에 데쳐
서 소스와 함께 도시락에 담
아요.

사이드메뉴

카레볶음밥
(1인분)

재료 잘게 썬 양파 25g, 밥 1공
기, 카레가루 1작은술, 소금 조
금, 후춧가루 조금, 식용유 1작
은술, 다진 파슬리 1/4작은술

1 팬에 식용유를 두르고 양파를 넣어
볶아요.

2 밥을 넣어 살짝 볶다가 카레가루,
소금, 후춧가루를 넣고 볶아 도시락
에 담고 다진 파슬리를 곱게 뿌려요.

격려와 힘이 되어주는 묘약

갈빗살구이 도시락

간장에 와사비를 풀어 넣어 담백한 맛을 더한 갈빗살구이는 수험생들의
영양을 챙기기에 제격이에요. 숙주를 곁들이고 노릇노릇하게 구운 마늘 스틱을 밥 위에
올리면 지친 수험생에게 격려를 불어넣을거에요.

갈빗살구이
(1인분)

주재료 쇠고기(갈빗살) 100g, 소금 조금, 후춧가루 조금, 마늘 2쪽, 숙주 60g, 식용유 1작은술

양념 간장 1/2큰술, 와사비 1/4 작은술, 버터 1작은술

1 쇠고기에 소금과 후춧가루로 간해요. 볼에 **양념 재료**를 한데 넣어 고루 섞어요.

2 팬에 식용유를 두르고 얇게 썬 마늘을 넣어 구워요.

3 팬에 숙주를 넣어 볶다가 소금과 후춧가루로 간해요.

4 팬에 식용유를 조금 두르고 중간 불에서 쇠고기를 구워요.

5 구운 쇠고기에 양념장을 넣어 살짝 조려요.

몸도 마음도 가뿐해지는

채소찜 도시락

좋아하는 채소를 골고루 넣어 만든 채소찜은 심플하게 소금이나 소스에 찍어 먹으면 담백하고 맛있어요. 시간적인 여유가 있으면 찜통에 찌는 것이 좋지만, 간편하게 조리하고 싶을 때는 실리콘 용기를 이용해 전자레인지에서 가열하면 빠르게 완성할 수 있어요.

메인
메뉴

채소찜
(1인분)

재료 표고버섯 2개, 새송이버섯
50g, 순무 1개, 브로콜리 30g,
호박 50g, 고구마 50g, 방울토
마토 2개

1 재료를 모두 손질하고 고구마와 호
박은 적당한 크기로 잘라요.

방울토마토는
순무를 넣을 때 함께
넣거나 그대로 담아도
좋아요.

2 실리콘 용기에 고구마와 호박을 넣
고 전자레인지에서 3분 정도 가열
해요.

3 표고버섯, 새송이버섯, 브로콜리를
넣고 3분 더 가열하고 순무를 넣고
1분 정도 더 가열해요.

바쁜 아침, 조리시간을
단축할 수 있는 실리콘찜
용기를 사용해보세요.
전자레인지에서 간단하게
조리할 수 있어요.

소스
①스위트 칠리마요네즈(41쪽 참고)
②명란젓 마요네즈(41쪽 참고)
③유자소금 1작은술(폰즈, 초장 등의 소스에 찍어 먹어도 맛있어요.)

오니기리
183쪽, 194쪽 참고(기호에 맞는 오니기리를 만들어 넣어주세요.)

사
이
드
메
뉴

스페셜 도시락 **229**

돼지고기 생강구이 도시락

집에서도 가끔은 도시락을 이용해 카페 같은 분위기를 즐겨도 좋겠지요.
차분한 분위기의 직사각 도시락에 양배추를 깔고 돼지고기 생강구이를 담은 다음,
미니 그릇과 물컵 등을 더해 일인용 상을 차리면 된답니다.

돼지고기 생강구이 (1인분)

주재료 돼지고기(얇게 썬 돈가 스용) 60g, 다진 생강 10g, 새 싹채소 20g, 채 썬 양배추 60g, 마요네즈 1큰술, 녹말가루 1큰 술, 식용유 적당량, 밥 1공기
양념 간장 1큰술, 맛술 1큰술, 미림 2작은술, 설탕 1작은술, 다 진 생강 20g

1 돼지고기는 기름과 살코기의 연결 부위에 칼집을 넣어요. 볼에 양념 재 료를 한데 넣어 고루 섞어요.

2 돼지고기에 다진 생강을 넣고 양념 장 1큰술을 넣어 5분 정도 재워요.

여분의 기름기는 키친타월로 눌러 제거하세요.

3 돼지고기에 녹말가루를 고루 바른 후 팬에 식용유를 두르고 앞뒤로 구 워요.

4 돼지고기에 양념장을 넣고 끓이면 서 조려요.

도시락을 일상의 식탁 위에 펼쳐보세요

누군가를 위해 정성껏 도시락을 준비하는 일도 즐겁지만, 가끔은 나 자신만을 위한 도시락 타임을 가져보는 것도 색다르고 의미 있답니다. 소소한 일상의 식탁 위에 가끔은 도시락을 펼쳐보세요. 남편이나 아이들을 위해 준비했던 도시락에 따끈한 국만 곁들여 심플하게 차리는 것도 좋고, 반찬 몇 가지를 더해 푸짐하게 차려도 좋아요. 늘 밖에서만 먹는 도시락이지만 집의 식탁 위에 올리면 식욕을 더해준답니다. 더욱이 내가 직접 만든 도시락을 먹을 일이 드물다면 이 시간이 더욱 행복할 거예요. 도시락으로 점심을 즐긴 후에는 티타임으로 오후의 햇살과 함께 여유로움을 만끽하세요. 남편과 함께, 때로는 친구와 함께 1인분씩 도시락 런치를 차려도 낭만적이랍니다.

1인용 도시락 세트

닭날개 양념구이 도시락 66쪽

황태구이 도시락 27쪽

간단 햄버그스테이크 도시락 128쪽

돼지고기 메추리알말이 도시락 62쪽

참치채소볶음 24쪽

꼬마돈가스 도시락 132쪽

2인용 도시락 세트

달걀케첩덮밥 도시락 168쪽

돼지고기&브로콜리볶음 도시락 58쪽

접시에 담은 도시락 메뉴

도시락 메뉴를 한 접시에 차려내면 근사한 일상의 메뉴로 변신할 수 있어요.

핫도그 도시락 203쪽

가지토마토소스 파스타 도시락 199쪽

모시조개 파스타 도시락 200쪽

참치샐러드 & 바게트 도시락 207쪽

채소찜 도시락(228쪽)에 치킨구이 도시락(70쪽)과 김치찌개를 더해 한 상 차려보았어요.

감자크로켓 도시락 118쪽

일본 영화 속 레시피 따라하기

소소한 일상을 담아내는 잔잔한 일본영화는 그 여운이 오랫동안 남는 것 같아요. 우리들의 일상과도 다름이 없어 편안하기도 하고, 잊고 지내던 가장 평범하고 소중한 것을 일깨워주어 작은 감동을 받기도 해요.

무엇보다 우리들의 눈과 마음을 사로잡는 건 바로 영화에 등장하는 소박하지만 정감 넘치는 가정 요리들이 아닐까 해요. 잔잔한 일상 속에서 펼쳐지는 식사시간은 주인공들의 마음을 하나로 만들기도 하고, 전체 스토리를 풀어가는 역할을 하기도 해요. 영화가 주는 감동만큼 음식이 주는 감동 또한 크기 마련이에요. 가끔 그때 그 영화에서 보던 음식이 그립지 않나요? 그럼, 집에서 간단하게 만들 수 있는 일본영화 속의 간단한 레시피를 두 가지 소개할게요.

① 〈논짱도시락 のんちゃんのり弁〉의 노리벤

〈논짱도시락〉은 남편을 떠나, 유치원을 다니는 딸아이와 독립하려는 서른한 살 엄마의 이야기랍니다. 딸아이 논짱을 위해 준비한 노리벤[노리(김)+벤(도시락의 준말)]이 유치원 아이들과 선생님에게 큰 인기를 모으면서, 가장 자신 있고 잘 만드는 자신의 도시락으로 가게를 열기 위해 고군분투하는 에피소드를 담은 영화예요.

'노리벤'은 도시락통에 밥과 두서너 가지 반찬으로 3단~5단 층을 만들어 담은 후 마지막에 김으로 덮어 마무리한 것이랍니다. 검은 김으로 가득 덮은 겉모습은 예쁘지 않지만, 직접 맛을 보면 그 매력에 금새 빠져버리게 되지요. 노리벤은 자신만의 스타일로 얼마든지 응용해 만들 수 있다는 것이 가장 큰 매력이에요. 여기에서는 가장 간단한 레시피로 소담한 일본 가정 요리의 맛을 느낄 수 있는 노리벤 레시피를 소개했어요. 도시락을 담는 용기를 바꾸어 다른 분위기를 내어보아도 좋답니다.

주재료 : 밥 1+1/2 공기, 닭고기 간 것 100g, 달걀 1개, 꼬투리강남 콩 50g, 연어 1조각(소금 간이 된 것), 소금 조금, 식용유 조금
양념 : 간장 1큰술, 술 1큰술, 미림 1큰술, 물 1큰술, 설탕 1/2큰술, 마늘 간 것 1/2작은술

만드는 법

❶ 닭고기와 양념 재료를 모두 냄비에 넣어 볶은 다음 약한 불로 줄인 후 8~10분 정도 조려요(젓가락을 잘 저어 뭉치지 않게 해요).

❷ 달걀을 푼 다음 팬에 식용유를 두르고 약한 불에서 젓가락으로 재빠르게 저어가며 익혀요.

❸ 예열된 그릴에서 약한 불로 연어 양면을 노릇노릇하게 구워요.

❹ 끓는 물에 소금을 조금 넣어 꼬투리강남콩을 데친 다음 0.5cm 간격으로 썰어요.

❺ 김은 적당한 크기로 찢어요.

❻ 도시락에 밥을 얇게 편 다음, 그 위에 닭고기볶음을 얇게 깔아요.

❼ 그 위에 다시 밥을 얇게 깐 다음, 달걀을 얇게 깔고 맨 위를 김으로 덮어요.

김
밥
달걀
닭고기볶음

응용하기. 컵도시락

앙증맞은 디저트컵에 예쁘게 담아보았어요. 컵도시락은 아이들을 위한 간단 도시락이나 홈파티용으로 아주 좋답니다.

김
꼬투리강낭콩
연어구이
밥

❷ ⟨마더워터 Mother water マザーウォーター⟩의 돈가스샌드위치

⟨마더워터⟩는 잔잔한 강이 가로지르는 작고 조용한 교토의 어느 마을에서 펼쳐지는 소소한 일상의 이야기랍니다. 좋은 물이 있어야 일을 할 수 있는 사람들이 수계가 좋은 이 마을에 자연스럽게 모이면서 그 안에서 펼쳐지는 일상과 사람들에게 가장 소중한 것에 대한 메시지를 남겨주는 영화예요. ⟨카모메식당かもめ食堂⟩과 ⟨메가네めがね⟩로 친근해진 배우들을 찾아볼 수 있어 더욱 즐겁답니다. 무엇보다 이 영화에서 소담한 일본 가정 요리는 빼놓을 수 없지요. 위스키만 파는 어느 바에서 세츠코가 만든 돈가스샌드위치. 아무런 말없이 아삭아삭 맛있게 먹던 그 장면은 유독 오랫동안 기억에 남아요.

일본에서 가츠산도 [가츠(커트릿)+산도(샌드위치의 준말)]로 통하는 돈가스샌드위치는 아주 인기가 좋답니다. 유명 돈가스가게는 맛있는 돈가스샌드위치를 구입하기 위한 사람들로 항상 긴 줄이 늘어져 있어요. 방금 만들어 한 입 베어 물면 바삭바삭한 돈가스샌드위치도 좋지만 예쁜 도시락통에 담아 야외에서 먹는 돈가스샌드위치도 그 맛을 이루 표현할 수 없어요.

여기에서는 간단하게 만드는 돈가스샌드위치의 레시피를 소개했어요. 기호에 따라 양배추를 썰어넣어도 좋고, 상큼한 피클을 함께 곁들여도 좋답니다. 때로는 집에서 즐기는 별미 런치로, 때로는 야외에서 먹는 맛있는 도시락으로 마음껏 즐겨보세요.

집에서 즐기는 돈가스샌드위치

3등분으로 잘라 나란히 접시 위에 올렸어요. 집에서 즐기는 선데이브런치로 어때요? 여기에는 양배추도 살짝 함께 넣었답니다.

돈가스샌드위치는 식어도 맛이 좋아 도시락으로도 그만이에요.
예쁜 도시락용기에 담아 피크닉 기분을 만끽해보세요.

**재료 : 돈가스 1개(완전히 식힌 것), 식빵 2장, 돈가스
소스(43쪽 참고), 머스터드 조금, 버터 조금**

만드는 법

❶ 팬에 버터를 두르고 약한 불에서 식빵 양면을 노
릇하게 구워요.

❷ 식빵 한 면에 머스터드를 발라 머스터드를 바른 쪽이
위로 가게 놓아요.

❸ 돈가스 한 면에 돈가스소스를 발라 소스를 바른 쪽이 아래로 가게 해서
식빵 위에 올려요.

❹ 돈가스의 다른 한 면에도 돈가스소스를 바르고 나머지 식빵 한 장을 올려 가볍게 눌러요. 기
호에 맞게 2등분이나 3등분으로 잘라요.

알아두면 유용한 온라인 숍

1. 인터넷 반찬가게

소박한 밥상 http://simplefood.farmmoa.com

정감 넘치는 시골집 가마솥부엌에서 만드는 소박한 반찬들을 만나볼 수 있어요. 직접 재배한 재료로 만든 유기농 장아찌 종류가 많답니다.

한살림 http://www.hansalim.or.kr

무농약 유기농 농산물 전문업체로 전국에 매장이 있어 편리하답니다. 김치, 장아찌, 절임고추 등이 인기 있지요.

참살이 반찬가게 http://www.banchangage.com

엄마가 차려주는 듯한 정성스럽고 맛깔스러운 반찬을 만날 수 있답니다. 특히, 마른 반찬류와 주문과 동시에 만들어지는 겉절이가 호평을 받고 있답니다.

2. 도시락통. 가방 쇼핑몰

우사기샵 http://www.usagishop.co.kr

단아한 느낌의 일본풍 도시락이나 시중에서 구하기 어려운 화사한 무늬의 일본풍 도시락 보자기를 구매할 수 있는 곳이랍니다.

소소한 딴짓 http://www.ddanzit.com

여러가지 용도의 다양한 도시락을 한 번에 만나볼 수 있어요. 아기자기한 소품들도 가득하답니다.

바나나푸딩 http://www.bananapudding.co.kr

어린이들에게 인기 좋은 깜찍한 캐릭터 도시락이나 앙증맞은 도시락소품등 다양한 도시락 용품을 만나볼 수 있답니다.

3. 도시락 포장 재료 쇼핑몰

도나앤데코 http://simplefood.farmmoa.com

피크닉이나 가벼운 테이크아웃에 사용할 수 있는 예쁜 일회용 도시락이나 알록달록한 디저트가 들어가면 예쁜 투명한 용기도 만날 수 있어요.

소품테라스 http://www.sopumbaguni.co.kr

도시락 포장에 사용할 수 있는 귀여운 스티커, 리본, 스탬프 등 아이디어 넘치는 포장 재료들을 구매할 수 있습니다.

봄91 http://bom91.com

평범한 도시락에 원 포인트 더할 수 있는 내추럴하고 밝은 포장 재료들이 돋보이는 곳이에요.

우사기의
행복한 도시락

2011년 4월 25일 | 초판 1쇄 발행
2013년 7월 15일 | 초판 4쇄 발행

지은이 | 남은주
발행인 | 전재국
부문장 | 이광자

임프린트 대표 | 이동은
책임편집 | 김기남
경영관리본부장 | 정유한
책임마케팅 | 노경석 · 윤주환 · 조안나 · 이철주
제작 | 정웅래 · 박순이

발행처 | 미호
출판등록 | 2011년 1월 27일(제321-2011-000023호)

주소 | 서울특별시 서초구 사임당로 82
전화 | 편집 (02)3487-1141 · 영업 (02)2046-2800
팩스 | 편집 (02)3487-1161 · 영업 (02)588-0835

ISBN 978-89-527-6169-9 13590

미호는 아름답고 기분 좋은 책을 만드는
(주)시공사의 임프린트입니다.